聚焦三农：农业与农村经济发展系列研究（典藏版）

农村移动商务：用户接受模型和发展策略

何德华　著

科学出版社

北　京

内 容 简 介

本书共分 8 章。第 1 章概述了移动商务的基本概念、特征及发展农村移动商务的意义；第 2 章综述了技术采纳研究的主要发展阶段及典型模型；第 3 章归纳了移动商务接受研究的理论模型并构建了农村移动商务接受研究的框架；第 4 章研究了我国农村信息化投入与产出间的关系并论证了开展农村移动服务的可行性；第 5 章通过案例研究分析了两大移动运营商的农村移动服务品牌的商业模式和特点；第 6 章运用结构方程模型实证研究了农村移动信息服务接受行为的主要影响因素；第 7 章分析了发展我国农村移动服务的商业模式和对策建议；第 8 章对全书内容进行了总结。

本书可供从事农业经济、农村信息化和电子商务等领域的研究人员及高等院校师生阅读，也可供各级政府有关管理部门领导干部、开展涉农电子商务的企业经营管理者参考。

图书在版编目（CIP）数据

农村移动商务：用户接受模型和发展策略 / 何德华著 . —北京：科学出版社，2015（2017.3 重印）

（聚焦三农：农业与农村经济发展系列研究：典藏版）

ISBN 978-7-03-043675-7

Ⅰ . ①农… Ⅱ . ①何… Ⅲ . ①农村–电子商务–研究 Ⅳ . ①F713. 36

中国版本图书馆 CIP 数据核字（2015）第 048528 号

责任编辑：林 剑 / 责任校对：邹慧卿
责任印制：徐晓晨 / 封面设计：王 浩

科 学 出 版 社 出版
北京东黄城根北街 16 号
邮政编码：100717
http://www.sciencep.com

北京京华虎彩印刷有限公司 印刷
科学出版社发行 各地新华书店经销
*

2015 年 2 月第 一 版 开本：720×1000 1/16
2015 年 2 月第一次印刷 印张：12
2017 年 3 月印 刷 字数：230 000
定价：**98.00 元**
（如有印装质量问题，我社负责调换）

总　序

农业是国民经济中最重要的产业部门，其经济管理问题错综复杂。农业经济管理学科肩负着研究农业经济管理发展规律并寻求解决方略的责任和使命，在众多的学科中具有相对独立而特殊的作用和地位。

华中农业大学农业经济管理学科是国家重点学科，挂靠在华中农业大学经济管理学院和土地管理学院。长期以来，学科点坚持以学科建设为龙头，以人才培养为根本，以科学研究和服务于农业经济发展为己任，紧紧围绕农民、农业和农村发展中出现的重点、热点和难点问题开展理论与实践研究，21世纪以来，先后承担完成国家自然科学基金项目23项，国家哲学社会科学基金项目23项，产出了一大批优秀的研究成果，获得省部级以上优秀科研成果奖励35项，丰富了我国农业经济理论，并为农业和农村经济发展作出了贡献。

近年来，学科点加大了资源整合力度，进一步凝练了学科方向，集中围绕"农业经济理论与政策"、"农产品贸易与营销"、"土地资源与经济"和"农业产业与农村发展"等研究领域开展了系统和深入的研究，尤其是将农业经济理论与农民、农业和农村实际紧密联系，开展跨学科交叉研究。依托挂靠在经济管理学院和土地管理学院的国家现代农业柑橘产业技术体系产业经济功能研究室、国家现代农业油菜产业技术体系产业经济功能研究室、国家现代农业大宗蔬菜产业技术体系产业经济功能研究室和国家现代农业食用菌产业技术体系产业经济功能研究室等四个国家现代农业产业技术体系产业经济功能研究室，形成了较为稳定的产业经济研究团队和研究特色。

为了更好地总结和展示我们在农业经济管理领域的研究成果，出版了这套农业经济管理国家重点学科《农业与农村经济发展系列研究》丛书。丛书当中既包含宏观经济政策分析的研究，也包含产业、企业、市场和区域等微观层面的研究。其中，一部分是国家自然科学基金和国家哲学社会科学基金项目的结题成果，一部分是区域经济或产业经济发展的研究报告，还有一部分是青年学者的理论探索，每一本著作都倾注了作者的心血。

本丛书的出版，一是希望能为本学科的发展奉献一份绵薄之力；二是希望求教于农业经济管理学科同行，以使本学科的研究更加规范；三是对作者辛勤工作的肯定，同时也是对关心和支持本学科发展的各级领导和同行的感谢。

李崇光
2010 年 4 月

前　言

　　本书是一本对农村移动信息服务的主要特点和应用模式，农村信息化发展、农村移动信息服务的任务技术匹配、农村移动信息服务技术接受模型进行深入论述和分析，并利用心理学、管理学、经济学和社会学等多学科理论，从理论基础、研究模型、研究方法及实施对策等方面对农村移动信息服务的采纳进行深入研究的专著。本书是对笔者在华中科技大学攻读管理科学与工程博士学位期间研究工作的总结和进一步完善，也是近年来开展与农村信息化相关问题研究和探索的相关研究课题（国家自然科学基金项目71373094、华中农业大学自主创新基金项目2013GC011）的阶段性成果。

　　近年来，互联网在我国逐渐普及，电子商务蓬勃发展，但从总体上看我国广大农村地区互联网和电子商务的发展与城市地区还存在较明显的"数字鸿沟"，即农村地区信息化发展进程与城市信息化发展进程存在较大差距，这一差距增加了城乡社会经济文化等多个方面发展的不均衡。

　　现代信息技术在农村地区的应用一方面可以促进农业生产经营方式的现代化转变，另一方面也为农村地区居民生活提供更大的便利，农村居民可以借助现代信息网络技术享受更多的现代化服务，这也有利于我国农村消费市场的进一步开发。在农业和农村信息化发展过程中各级政府和组织投入了大量资源开展信息化建设，而实际效益还并不显著，一定程度上也存在曾经在发达国家信息化发展历程中普遍出现的"生产率悖论"，即大量信息化投入与较低的生产效率和效益之间的矛盾。有效的农业和农村信息化路径是什么？这是许多学者和相关领域的实践工作者关注的话题，笔者自1998年起也一直在对这一问题进行思考和探索。

　　农村移动信息服务这一选题最初来源于两个方面：一方面来自于一直以来个人对农村信息化问题的关注，另一方面来自于博士研究生学习期间参与导师鲁耀斌教授负责的国家社会科学基金项目"移动商务应用模式和发展对策研究"（06BJY101）和国家自然基金重点项目"移动商务的基础理论与技术方法研究"（70731001）这两个课题的研讨。

　　在调研和讨论中笔者注意到这样一个现实情况，即我国农村地区计算机普及率很低，而相对于较低的计算机普及率，我国农村地区移动通信的普及率却很高。基于移动通信技术的移动商务具有的无所不在性、操作便利性等特征可能更容易为广大农村地区居民所接受。移动信息服务作为移动商务的初级应用相对于移动购物等其他应用具有成本更低、更易于操作等优势，将成为农村用户接受移动商务的首要形式。于是，笔者结合我国信息化发展的形势，围绕农村地区移动信息服务开展了一系列研究探索。

国际信息系统学科的主流研究认为"生产率悖论"产生的一个重要原因是用户对于信息技术的接受和实际使用程度较低，而包括我国农村信息化在内的多方面的信息化建设实际效果不佳的重要原因之一正是最终用户的接受和使用程度不高。本书就是从最终用户对信息技术的接受和使用的角度对农村移动信息服务的特点，用户接受和使用的影响因素等问题展开研究，希望构建适合我国农村特点的移动服务接受模型并进行实证检验，同时也对如何加强和促进农村移动信息服务提出具有参考价值的建议。

本研究的主要目的是从农村最终用户的视角分析移动商务的应用情况和用户接受行为的特点，探讨适合我国农业和农村信息化特点的移动商务应用模式，为有效利用移动商务促进农业和农村信息化发展提供对策。

本书系统研究了面向农村地区的移动商务的应用情况，对最终用户的接受行为进行研究，构建理论模型，并进行初步的实证分析，力求为农村移动商务实践和后续的理论研究提供一些参考和借鉴。

技术接受相关研究理论在发达国家和地区得到了较为广泛的应用和检验，但针对我国的信息技术接受的研究还并不深入，对于符合我国国情的移动商务接受模型的理论探讨和实证检验也还相对较少，本书的研究也希望能通过构建符合我国农村移动信息服务特点的接受行为决定因素模型并进行实证检验为后续理论和实证研究提供支持。

本书重点研究了农村用户对于移动信息服务的接受行为和特征，从而进一步探讨移动技术在当前我国农村的应用策略及其在农业和农村信息化发展中的重要作用。对当前农村移动服务的应用模式和内容的分析比较，以及影响农村用户接受移动服务特别是移动信息服务的主要因素的实证研究，为移动商务相关参与者可以提供有价值的决策参考。

在本书的撰写过程中，笔者参阅并引用了国内外许多学者的研究文献，理论基础和研究方法借鉴了相关研究成果，在此表示衷心的感谢。感谢华中农业大学经济管理学院学术专著出版计划的资助。

由于理论水平和实践工作经验有限，书中难免存在疏漏之处，还望广大读者给予批评指正。

何德华

2014 年 7 月 24 日于狮子山

目　　录

第1章
移动商务概述

1.1　我国移动通信发展概况

1.1.1　3G 移动通信迅速普及

近年来移动技术特别是移动通信技术的应用逐渐普及，根据我国信息产业部门的统计，截至 2014 年 5 月我国移动电话用户合计达到 12.5636 亿户，移动电话普及率达到 90.8 部/百人，其中第三代移动通信技术（3G）用户达到 4.6406 亿户，第四代移动通信技术（4G）网络已经开始在多个城市提供服务。移动互联网和相关移动应用也取得了较大的发展，各种移动商务应用逐渐走进人们日常的工作生活，给其生活带来了很大的便利，也催生了所谓的"拇指经济"。3G、4G、智能手机和各种新兴移动终端的逐渐应用和普及大大促进移动商务更加广泛和深入的应用。

1.1.2　移动互联网方兴未艾

基于无线网络、移动通信等相关技术的移动商务在西方发达国家已经得到了较为广泛的应用，随着 3G 和 4G 时代的到来，互联网和移动通信服务发展也逐渐趋于交融，移动通信技术的不断更新也将推动全球移动商务应用市场的快速发展。根据中国互联网信息中心（CNNIC）发布的统计数据，2013 年年底我国网民数量达到 6.18 亿，其中手机网民数量达到 5 亿，农村网民数量达到 1.77 亿。移动互联网用户数量达到 8.5737 亿，而农村网民使用手机上网的比例已达到 84.6%，规模达到 1.49 亿，比城镇高 5 个百分点，较上年的增长率为 27.5%，增速也显著高于城镇手机网民的 19.4%。手机上网的成本低、操作简便，适合于农村地区居民接入互联网，手机已经成为农村居民上网的主流设备。

1.1.3 移动商务多元化发展

面对用户的需求，移动商务服务内容也越来越呈现多样化，全球移动商务市场运营商竞争也越来越激烈。发达国家移动商务方面的应用和相关研究工作近年来已经比较深入。我国移动通信技术的应用在近年来也得到了较大的发展，但是在移动技术商务应用方面的研究和实践还只是刚刚起步，移动商务的许多应用模式目前也还没有得到广泛开展。由于我国通信与互联网行业及经济发展的特殊情况，我国移动商务的发展和发达国家存在着较大的差异，同时由于文化等方面的影响，我国用户对于移动商务的接受程度和使用行为、影响接受和采纳移动商务的主要因素等同发达国家的情况也必将有所不同，适合我国的移动商务应用模式也会有所不同。

1.1.4 农村信息化建设

在我国农村地区，移动通信近几年来得到了迅速普及。在积极推进新农村建设的政策指引下，各级政府和有关企业积极关注和投入农业和农村的信息化建设，提供了大量的相关基础设施，开发和设计了相关软硬件系统。随着"村村通电话"和"乡乡通网络"的工程的推进，在大量的软硬件和资金投入下，各地农村信息化面貌有所改观。但是在这一过程中，农村用户对于包括移动技术在内的现代信息技术的接受和实际使用情况究竟如何还值得进一步深入研究，因为最终用户的接受和使用情况将直接影响到移动技术和信息化应用的实际效果。目前，相关技术的研究和应用模式的探索更多地集中于相关技术实现的层面，采取由上而下的角度，缺乏从最终用户即农业和农村信息化的最终受益者——农民的角度去考虑现代信息技术如何更好地应用到农村生产生活实际中去。

1.2　移动商务概述

1.2.1 移动商务概念

所谓移动商务（mobile commerce/mobile business），是指通过移动网络技术开展交易的活动，属于电子商务的一种新的表现形式。移动商务的概念和电子商务的概念类似，实质上包含技术和商务两个层面的内容。从技术层面上看移动商务是运用以移动电话和平板电脑等为典型代表的移动终端在移动通信网络中实现对商务应用的支持；从商务层面上看移动商务是指在移动技术支持基础上开展各种商务交易活动，这些商务活动的内容和特点与传统电子商务中的商务活动存在显著的差异，不是简单把基于有线网络的电子商务搬到无线网络环境中。

1.2.2　移动商务的技术基础

根据瓦西里和维特（Varshney and Vetter，2002）提出的移动商务四层整合框架，移动商务包括移动商务应用、无线用户基础设施、移动中间件和无线网络基础设施，移动商务应用要求由无线用户基础设施、移动中间件和无线网络基础设施提供的技术基础的支持。

移动商务的应用必须借助于无线通信网络来实现。袁雨飞等（2006）在《移动商务》一书中指出无线通信系统通常由三个部分组成：通信网络、服务平台和移动终端。无线通信网络是移动网络系统的基础设施，而服务平台支持在基础设施上的各项应用的实现，移动终端则是用户访问各类移动服务的工具，是一种人机交互设备。

无线和移动网络包括 Personal Area Network（PAN）、Bluetooth、Wireless Local Area Network（WLAN）、Wi‒Fi（wireless fidelity）、WiMax、Wireless Metropolitan Area Network（WMAN）、Wireless Wide Area Network（WWAN）（Turban et al.，2006），从网络类型上看可以分为两大类，一类是基于语音通话目的而发展起来的移动通信网络，另一类是为数据传输和共享计算目的而发展起来的无线计算机网络。

按照网络覆盖的距离划分，无线网络可以分为长距离无线网络、中距离无线网络和短距离无线网络，这几种网络的代表性技术见表1-1。

表1-1　按有效范围划分的无线网络技术

有效范围	代表性技术	说　明
长程	卫星网络	包括卫星通信系统、GPS 定位系统等
中程	移动通信网络	包括 GSM、GPRS、3G 和 PHS 等
短程	无线局域网	提供组织内部通信和信息资源的无线访问
	蓝牙技术	实现小范围内数字设备的无线通信
	红外技术	低成本、跨平台、点对点高速数据连接
	RF 技术	非接触式射频识别技术

在长距离网络应用方面，GPS 全球定位系统已经得到了较普遍的使用，将 GPS 与移动电话相结合的应用也逐渐开始普及。当前关于移动商务技术应用主要基于中等距离的无线网络技术，主要是移动通信网络的相关应用，其技术包括早期的模拟蜂窝移动通信技术及现代数字蜂窝移动通信技术。目前全球使用最广泛的是 GSM（移动通信技术标准），被称为第二代移动通信技术，而被称为第 2.5 代的移动通信技术的代表是通用分组无线业务（general packet radio service，GPRS）。当前的发展趋势是第三代移动通信技术（3G）的逐渐普及，它较好地解决了 GSM 系统对于互联网服务支持能力的不足，可以支持高速多媒体业务，其主要代表标准有 WCDMA、CDMA2000 和 TD-SCDMA 等。而移动通信技术研发已经进入到基于全 IP 网络的第四代移动通信技术（4G）阶段。PHS（个人便携式电话系统）技术在我国的应用被称为小灵通，使用了改进的 PHS 技术的 PAS（personal wireless access system），因为低成本等原因也曾在我国城市得到过广泛应用，曾一度达到近 9000 万用户。

由于目前移动商务应用主要基于当前的移动通信网络技术，因此本研究也将以我国当前移动通信网络技术基础上的移动商务应用为主要研究内容。

移动应用平台主要包括移动消息平台、移动网络接入平台和互动式语音应答（interactive voice response，IVR）平台。移动消息平台在无线终端之间传递小段文字或数据（short message service，SMS，短消息服务），以及包含文字、声音、图像、数据等的多媒体信息内容（multimedia message service，MMS，彩信）。移动网络接入平台可使移动终端方便快捷地接入互联网，主要指 WAP（wireless application protocol，无线应用协议）平台，通过 WAP 协议手机等移动终端设备可以在移动的环境中接入互联网，真正实现不受地域和时间的限制上网。IVR 平台支持通过向用户提供有语音提示的互动操作来完成交易、娱乐等业务。

移动商务是通过无线或移动通信网络进行数据传输和服务，是利用手机、PDA（personal digital assistant，个人数字助理）、掌上电脑、笔记本电脑、平板电脑等移动终端来开展的各种商务活动，其商务活动以应用移动通信技术、使用移动终端为特性。移动商务中主要的移动终端设备包括 BP 机、移动电话、PDA、智能手机、黑莓（Blackberry，提供较强的无线电子邮件功能的移动终端）、掌上电脑、带无线通信功能的笔记本电脑、带无线网络功能的平板电脑、GPS 定位设备和 RFID（radio frequency identification，无线射频识别）标签等。移动终端由于其需要满足便于携带的移动性要求，因此相对于固定设备存在显示屏幕较小、存储容量和计算能力相对较差、电池容量有限及存储和交易风险更大等几个方面的缺点。

移动商务包括新的技术、服务和商业模式与传统的基于互联网的有线电子商务有很大的区别。移动终端移动电话或者 PDA 与桌面计算机相比，受到的约束更大，但在它们的使用过程中也开创出了一些新兴的应用和服务。它们适于随身携带，使得和朋友或者家人走在街上时也可以上网，或者在驾车时可以方便地查找附近的餐馆或加油站。对用户来说，移动商务是通过连接公共和专用网络，使用移动终端来实现各种活动，包括娱乐、交易、沟通等。

1.2.3 移动商务应用的主要类型

移动商务应用服务的内容按照服务对象不同可以分为面向企业的服务和面向消费者个人的服务，具体服务内容包括移动金融服务（移动银行、无线电子支付、手机钱包等）、无线购物、无线广告、移动营销、移动订票、无线内容供应、移动雇员支持（销售力动员、工作分派）、移动客户支持、无线企业内部应用（用于库存品挑选、发货状态更新、数据收集的无线网络）、销售代表访问客户时检查订单和库存、B2B 移动商务和供应链管理、移动游戏、无线医疗、基于定位的移动商务（定位、导航、跟踪、绘图、定时和手机呼叫快速响应、交通事故自动报警）、远程信息处理等。

移动商务应用类型也可以按照其使用的技术类型来进行分类，包括基于语音的服务（IVR）、基于短信和彩信的服务及基于互联网的应用（表1-2）。

表1-2 移动商务应用类型分类

分类标准	应用类型	应用举例
应用对象	面向企业	B2B 移动商务、移动雇员支持、无线企业内部应用、移动营销、移动客户支持等
	面向消费者	移动金融、移动支付、移动购物、移动信息服务、移动游戏、移动即时通信
运用的技术基础	语音	IVR 交互式语音应答、语音商务
	短信和彩信	互动短信、各类信息服务、手机图片铃声
	互联网	移动门户网站、因特网移动接入、WAP
时间紧迫性程度和位置敏感性程度	时间紧迫高，位置敏感高	车辆调度、移动救助服务、定位导航
	时间紧迫高，位置敏感低	移动金融、移动购物
	时间紧迫低，位置敏感高	移动营销、商店导航服务等
	时间紧迫低，位置敏感低	移动娱乐、铃声图片下载、信息定制

此外彼得生等 2002 年提出可以根据移动商务应用的时间紧迫性和位置敏

感性的维度对移动商务应用类型加以区分（表1-2）。例如，基于位置的相关服务具有较强的位置敏感性，如定位和搜索服务、导航服务等，而移动金融应用、移动游戏等则具有较强的时间紧迫性。

1.2.4 移动商务的参与者

移动商务行业涉及各方参与者，主要包括消费者、网络运营商、内容提供商、服务提供商、应用开发商、技术和设备提供商等，它们在产业链上的关系如图1-1所示。

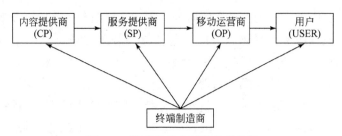

图1-1 移动商务应用服务产业链

内容提供商提供满足消费者需要的信息内容，一般包括内容提供、内容集成和门户提供这三类企业，通过向移动用户提供如交通、股票交易等各种信息内容达到盈利目的，企业通过移动门户或直接向移动用户提供内容服务。

服务提供商支持消费者简单、方便地使用无线网络、产品和服务，这一类型的企业在我国已经有相当数量，企业直接或通过中间渠道向移动用户提供服务，中间渠道可能是移动门户、WAP网关提供商或移动网络运营商，而企业所能提供的服务取决于其从内容提供商处可以获得的内容。

移动运营商提供移动网络基础设施和用户移动通信的接入服务，在我国目前主要有中国移动通信集团（以下简称中国移动）、中国联合通信有限公司（以下简称中国联通）和中国卫星通信公司等企业。终端制造商是移动终端设备的生产制造企业，目前这类企业主要是手机厂商。

移动用户包括使用移动服务的组织和个人用户。

由于在移动技术支持下移动商务具有移动性、即时性、方便性、连通性、广泛覆盖、准确互动、贴近用户等方面的特点，各种移动商务应用可以提供更个性化的移动客户服务、更精确的移动营销方法、更高效的移动办公系统、更快速的移动信息采集与管理，以及更安全方便的移动支付手段和更丰富的行业应用，将为企业和个人用户带来更高的效率。

1.2.5 国内外移动商务发展情况

1. 发达国家移动商务发展

自 2005 年全球 3G 开始进入全面商用阶段，目前发达国家移动商务已经进入基于 3G 技术应用的时代。根据高通公司的统计，截至 2011 年 3 月底全球 3G 网络用户总数为 12 亿（艾瑞咨询，2007a），日韩和欧洲 3G 业务模式相对比较成熟。日本 3G 运营以 NTT DoCoMo 的 FOMA 为代表，韩国 3G 运营以 South Korea Telecom 的 June 为代表，欧洲以 Vodafone（沃达丰）的 3G 服务品牌 Vodafone Live 为代表。不仅发达国家和地区已经开展了 3G 业务，一些发展中国家和地区也开始逐渐进入 3G 全面商用阶段。

日本是全球最早运营以 WCDMA 为技术基础 3G 服务的国家，其拥有的 WCDMA 用户数量最高。目前日本主流的 3G 业务应用包括基于手机的卫星定位服务、音乐铃音服务、照片邮件服务、完整音乐下载服务和手机游戏服务。艾瑞咨询的数据显示，2006 年日本 3G 用户数量总计 4900 万人。日本基于 WCDMA 的 3G 服务的运营公司是 NTT DoCoMo，3G 增值服务产业 FOMA 涵盖了所有的无线数据 i-mode 业务，提供移动银行、票务预订等交易类业务，餐馆指南、天气信息等生活信息类业务，以及网络游戏和铃声/图片下载等娱乐类信息。韩国除移动娱乐内容外，手机上网也很发达，目前已有过半数（51.3%）的手机用户都使用手机上网（NIDA，2007）。欧洲运营商很早就与各种专业内容提供商、专业技术提供商及可以提供业务平台的网络设备提供商合作，开发多样的数据业务，到 2006 年 5 月，欧洲 WCDMA 用户已经超过了 3000 万。Vodafone 于 2004 年 11 月在 13 个国家和地区开始提供基于"Vodafone Live"的全球统一品牌的 3G 数据业务，VodafoneLive 业务包括 MMS、移动互联网、Java 游戏、E-mail、聊天、铃声、SMS 和话音等，涉及范围非常广泛。

2. 我国移动商务应用现状

我国移动商务应用发展相对滞后，由于经济发展水平等因素制约，我国移动通信虽然在规模上全球领先，但是在此基础上的移动增值业务的开发和应用还比较落后。目前我国移动应用的突出特点是：基于短信的相关应用比较普及，而其他移动商务的应用取得了一定的发展，但与发达国家还有一定的差距。当前我国 3G 业务已经具有良好的应用基础，4G 业务也开始在多个城市试点，手机上网、基于定位的服务及移动金融等服务已经开始大范围应用。根据信息产业部2014年的统计，目前我国已有12.6亿手机有效卡数，移动电话普及率90.8部/百人。近几年来，我国手机有效卡数增长一直维持在17%以上，平均每年增长5000万张卡以上，增量非常可观。而根据中国互联网络信息中心的调查，平均每个手机用户拥有1.33个手机卡，即目前中国共有约12亿手机用户，约有80%的居民拥有手机，有过手机接入互联网行为的网民数量是5亿人，占网民总数的81%。

目前，我国3G经过认真的准备，部分城市试点已经正式开始应用。国家工业和信息化部（以下简称工信部）在2008年1月30日正式颁发了首批TD-SCDMA手机入网许可证，海信、中兴、联想、新邮通、LG和三星等6家企业共7款手机产品获得了首批入网许可证。此后3G业务网络覆盖、使用终端设备等均得到了较快速度的发展。2013年12月4日工信部正式向中国移动、中国电信和中国联通三大运营商发布4G LTE牌照。

短信息服务、移动营销、移动金融业务等在我国得到了一定的应用，特别是短信息服务的使用已经非常普及。我国目前移动增值服务市场的增长还是集中在少数的增值业务上，除了传统的优势业务短信之外，彩铃、MMS、WAP和IVR均已呈现出快速增长的势头，移动增值业务多元化的格局已经逐渐形成，但是，从增长的市场比重来看，2006年移动SP市场中的短信业务市场比重占到72%，其他的业务收入总和还不到短信收入的一半，而彩铃、MMS、Wap和IVR占据了除短信之外的移动增值业务市场的90%左右。可见早期中国移动增值业务市场的业务发展格局仍集中在少数业务上。

近年来，移动互联网应用逐渐成为移动增值市场业务发展的主要方向。2013年我国在手机上在线收看或下载视频的用户数为2.47亿，与2012年年底相比增长了1.12亿人，增长率高达83.8%；即时通信用户规模在移动端的推动下提升至5.32亿，较2012年年底增长6440万，使用率高达86.2%。根据艾瑞公司的研究数据，2006年中国移动增值市场规模达到了1000亿元，比2005年增长31.6%，而2007年中国移动增值市场规模为1200亿元，2014年仅第一季度我国移动购物市场单季度市场交易额就超过了640亿元，未来几年中国移动增值市场规模将继续增长。

从移动运营商的情况看，我国移动行业整体发展状况良好。中国移动营业收入保持稳定增长，增长率在20%以上，由2000年的649.8亿元增长到了2006年的2953.6亿元，其中2006年的净增长额为523.17亿元，增长率达到21.5%；2006年中国联通营业收入也稳定增长，公司主营业务收入达804.8亿元，比上年增长5.7%，移动服务收入为782.4亿元，比上年增长7.3%。2013年中国移动营收6302亿元，同比增长8.3%；净利润1217亿元，同比下降 5.9%；2013 年中国联通实现营业收入 2950.4 亿元，同比增长 18.5%，净利润达 104.1 亿元，同比增长 46.7%；中国电信 2013 年营收 3215.84 亿元，同比增长 13.6%；净利 175.45 亿元，同比增长 17.4%。三大运营商在 2013 年，中国移动净利润持续下降，而联通与电信保持了增长的态势。

中国移动增值市场的 SP 企业较多，但各 SP 企业的市场份额都很分散，目前中国最大的前三家 SP 业务企业仅占市场份额的 24.1%，其中 TOM 公司占 11%，一些市场份额低于 0.6% 的中小 SP 企业共占据中国移动增值市场 50% 以上的份额，中国移动增值市场集中度低，目前正趋于大、中、小型 SP 企业完全竞争的格局。

目前移动商务的供求市场上移动运营商处于寡头垄断的局面，而服务提供商市场集中度低和用户分散，这样移动运营商在面对服务提供商和移动用户时都处于明显的优势地位，很容易在政府管制政策之下实现其利润最大化。运营商之间的市场竞争从 1999 年中国移动重组以后才开始，此后可以分为三个阶段：规模竞争（1999~2001 年）、过渡阶段（2002 年）、全面竞争（2003 年至今）。随着电信行业的进一步改革和 3G 及 4G 的实质性应用，这种竞争的格局也许很快会有所改变。

基于上述背景，现代信息技术在农村的实际应用情况和应用效果究竟如何？作为一种新兴模式的移动商务在哪些方面适合于当前我国用户特别是农村用户的需要？农村用户个人对于基于移动通信网络的移动商务技术接受的程度究竟如何？哪些因素影响到他们对于移动商务的接受行为？在不同环境条件下，不同地区用户的接受情况又有何差异？对上述问题给出一个有效的解答将是本研究课题集中努力的方向。对于这些问题的分析和解答也将有助于提高对移动商务接受特点的基本认识，同时也为参与各方如何有效利用移动商务以实现各自目标提供了重要的决策依据和参考。

1.3 农业和农村信息化发展

1.3.1 农业发展正进入信息农业阶段

农业发展的历史大体划分为三个阶段：原始农业、古代农业（传统农业）和现代农业，今后走向信息农业就可以延伸为第四个发展阶段。农业信息化是指农业全过程的信息化，是用信息技术来装备现代农业，依靠信息的数字化支持农业生产经营管理，监测管理农业资源和环境，支持农业经济和农村社会的发展。农业信息化包括以下五个领域：农村社会经济信息化、农业基础设施信息化、农业科学技术信息化、农业经营管理信息化和农业资源环境信息化。

在当前我国正大力推进新农村建设的时代背景下，开发和满足农村信息需求，发展农业与农村信息化，促进农业和农村的现代化也是十分迫切的任务。目前相关的研究主要集中于有关信息技术的设计和应用途径，技术开发和实现等方面，国内外相关文献的检索都证实了这一点。国外专门针对农业和农村信息需求及信息化应用的研究并不多见，通常研究都着重于某种特定信息技术，如地理信息系统、全球定位系统等的应用和实现，这与西方发达国家农业现代化和信息化程度较高有关，而我国农业现代化程度还很低，在农业和农村信息化方面有许多问题需要展开进一步的深入研究。

1.3.2　发达国家农业信息化的研究和实践

西方发达国家的农业和农村信息化起步较早，目前已经具备了较好的应用基础，在农业网络建设、相关信息系统和数据库、专家系统等开发建设和应用方面都有大量研究和实践，当前最为突出的是精准农业（precision agriculture）和"3S"（GIS 地理信息系统、GPS 全球定位系统、RS 遥感系统）在农业上的应用。目前，美国和加拿大等国 3S 技术已普遍应用于农业生产管理，如作物产量预测、动植物生长长势监测、气象和病虫害预报、精细施肥、灌溉、农业综合发展的动态仿真等。精准农业系统在美国一些农场已经得到实际应用。计算机网络系统在发达国家农业中的应用也非常普及，有的甚至超过了工业领域的应用。多数发达国家都建立了完善的农业信息体系，包括全面、详细的农业信息调查内容、规范的调查方法和信息处理、严格的农业信息发布制度、健全的农业市场信息服务系统和农业科技生产信息支持体系。发达国家农业信息化的成功经验是注重基础设施建设、重视教育科研和推广、加强政府调控、建立健全农业信息化有关的政策法规。近几年，欧盟、美国、日本等基于食品安全的考虑对农业生产和供应过程的信息化提出了食用农户品必须可追踪的要求，这对于农业信息化又提出了更高的标准，即农产品从田间到餐桌的相关信息必须是连续的，可以追溯的，这要求农业生产和食品加工过程均要运用现代信息技术加以记录。这也为农产品的电子商务的实现提供了良好的技术基础。瓦克斯曼（Waksman，2003）分析了网络和信息技术在法国农业中的应用，并探讨了法国农民使用网络和信息技术的原因。科特兹早在 1999 年就指出教育、研究和经济信息系统是美国农业部战略规划和信息政策发展的引擎，可见信息系统在美国农业发展中的重要作用（Cortez，1999）。Pierce and Elliott（2008）

介绍了美国华盛顿州东部开发并应用农场区域农业系统的无线传感网络的情况。考克斯（Cox，2002）回顾了对全球动植物生产改进有贡献的技术发展，作为应用和交流必不可少的信息技术处于核心的位置。随着移动技术的发展和应用，移动政府服务的部署也将在农业领域展开。美国农业部在农业统计过程中还使用了 PDA 进行棉花生长的田间调查工作。

1.3.3 我国农业与农村信息化研究和实践

国内目前已有少量关于特定地区农村信息需求特点的研究，而针对农业信息化的相关研究有很多，中国期刊网全文数据库检索结果显示，2001～2007年，以"农业信息化"或"农村信息化"为主题的核心期刊论文数每年均在50 篇以上，而近两年每年核心期刊相关论文数均超过 100 篇。除了许多从技术实现的角度探讨农业和农村信息化问题的研究论文外，主要的研究主题和视角是我国或者某特定地区农业和农村信息化存在的问题、障碍及对策研究或者从国际比较和借鉴的角度提出发展的思路和建议，也有少量从农村信息需求角度开展的研究，鲜见从农村最终用户接受角度进行的相关研究。

乌东峰（2006）指出中国作为世界上最大的发展中国家和传统的农业大国，农业信息技术有着巨大的应用空间和广阔的发展前景。我国农业的现实状况与发达国家存在非常显著的区别，我国广大农村人多地少，农民文化素质相对较低，农业信息化基础非常薄弱。信息技术在我国农业领域的应用虽起步较晚，但发展很快，农业信息化建设已开始起步。

王亚东等（2002）提出我国农业信息化建设的三个阶段，即农业信息基础设施建设、农业信息技术集成应用和信息农业，并对三个阶段在时间上进行了划分，目前我国还处于第一个阶段，即农业信息基础设施建设阶段。

我国农业信息技术的整体水平和差距体现在技术基础、需求、供给及中间服务和政府管理等几个方面。在农业信息技术和基础设施方面，郑红维（2001）、傅洪勋（2002）、梅方权（2001）等指出我国农业信息基础设施落后，网络化程度较低，信息资源建设滞后，信息采集手段落后，数据库种类不全，规模小而分散，标准化程度低，信息技术在农业科学研究中应用水平低，农业信息技术研究低水平重复，信息技术实用性差，没能给农民带来较好的经济效益，网络成本较高，阻碍了信息化的普及，农业信息标准化水平不高，信息采集体系不健全；信息供给方面：信息人才缺乏，特别是缺乏既懂信息技术又懂农业技术的复合型高级人才，农业信息咨询服务业和信息技术产品产业化水平低，不能满足农业生产、科研、教学、管理和技术推广对信息技术的需求；在需求方面，农民文化素质不高，信息化意识和利用信息的能力不强，农业产业化程度不高，难以形成正常的信息需求；郑红维（2001）和陈晓玲（2006）还指出在政府和中间服务方面，农业信息服务体系还没有完成，政府在农业信息化建设上的主导作用发挥不够，农业管理体制不合理，造成信息生产割裂、失真，形成信息孤岛；另外，影响农业信息化的普及问题还有农业信息产品的集约性和可控性较差，农民的实际收入和整体素质水平很低等。

近年来，各级政府和有关企业投入了大量资金进行农业和农村信息化建设，国家实施了"金农"工程，设立了"十二五"国家科技支撑计划重大项目"现代农村信息化关键技术研究与示范"等一系列研究和实践项目，但是农业信息化"最后一公里"问题仍然存在，钮志勇等（2006）认为其主要原因有：一是大多数农民难以掌握和操作计算机终端；二是农民经济条件有限，很难购买和使用计算机；三是农业生产者居住分散，信息渠道不畅通；四是我国农村大部分地区交通不便，现代信息系统建立与维护非常艰难，近几年来我国农村计算机和网络的实际普及率还很低。

目前，我国农村经济生产和生活方式与城市地区也存在较大的区别，农村居民信息需求的内容和特点与城市居民存在较大的差异。当前我国农业信息化发展过程中，一方面是农民需要大量有关信息，包括政府信息、市场信息、科技成果、新技术新品种信息等，另一方面又存在着严重的信息能力不足，服务体制和机构不健全，信息服务人才缺乏，信息用户素质不高和观念障碍、基础设施落后等问题，从而造成农业信息化程度很低，现代网络信息技术没有很好地为农业和农村的现代化发展服务。由于我国农村信息基础设施不完善，计算机普及率较低，如姜惠莉（2006）等所指出的农业信息用户建设发展受阻，而且农村网上信息匮乏，农村信息用户得不到及时完整的信息，这就又造成一部分农村信息用户的流失，而用户少又造成用户入网费用高，进而又导致网络信息匮乏和信息用户少，于是造成农村信息化服务发展的恶性循环（图1-2），严重阻碍了农村信息化和现代化进程。

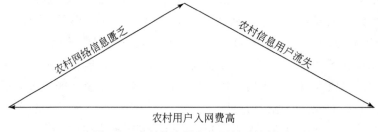

图1-2　农村信息服务发展的恶性循环

农业信息用户对于信息的需求具有突出的特点，农业信息用户对信息的及时性、准确性等质量方面有很高要求，信息需求具有多层次性、内容的综合性、需求意识的市场化、需求形式的多样性和需求手段现代化等比较突出的特点。随着经济的发展，农户信息需求也日趋多样化，对各类农业信息需求的强度也发生了很大变化，但信息供给在内容和形式上仍然存在很大缺陷，造成农业信息服务"有效供给不足"；同时，雷娜和赵邦宏（2007）认为农户尚缺乏把"潜在需求"转化为"实际需求"的主观条件，造成农户信息"有效需求不足"，从而形成农业信息供需失衡的状态。

雷娜等（2007）的实证分析研究表明农户对农业信息的支付意愿受到户主的文化程度、农业劳动力比重、对农业信息风险的承受能力、家庭人均收入等多方面因素的影响。

农户和农产品加工企业等信息用户对农村市场信息的需求很高，传统渠道仍为信息用户获取市场信息的主要渠道。农村市场信息用户素质相对较低，一定程度上影响了对市场信息的需求和利用及信息资源的开发。在提供农村市场信息的服务中，政府的作用发挥不够，主要根源在于政府没有真正重视为农业生产经营者提供市场信息服务这一重要职能。因此，在转变政府职能、改革政府机构的前提下，要充分发挥政府投资的引导和示范作用；同时要注意信息用户素质的提高和对他们的信息意识的培训。

通过对农情信息需求的调查分析发现，农情监测信息具有及时、客观与覆盖面广的特点，已成为不可缺少的农业信息资源；农情信息同时已成为各级决策、生产管理、生产经营及农产品市场部门制定农业政策、管理指导农业生产和制定经营策略的重要科学依据；我国农情信息的采集、加工处理与发布缺乏统一的标准，缺乏统一协调的信息服务管理机制，信息资源共享系统亟待解决。

为加快农业信息化发展，需要重视和加强政府在农业信息化建设中的作用，大力发展农业信息技术，加强农业信息网建设，建立信息农业的实验示范基地，加快培养农业信息化人才，研制和开发农业信息化应用软件，提高农业科技成果转化率。

钮志勇等（2006）从代理中介的角度提出了促进农业信息化发展的信息代理服务模式的解决方法，即筛选有用信息，在最后一公里通过包括网络技术、多媒体技术及广播、传单、讲座等多种传播手段使有效信息能真正到达农户，解决所谓的"最后一公里"问题。这种模式提供了一个较新的视角，但是信息代理服务如何在广大农村有效应用还有待理论和实践的进一步检验。与此相类似，广东科技创新百项工程"农村科技信息网络化服务示范工程"提出了建立"技术+资源+服务"一站式服务模式,在农业信息服务中形成一条服务链,提供技术支撑、信息资源支持、多样性的信息服务。

王志强和甘国辉(2005)指出,基于移动通信网络可以开发基于WAP的农业信息网站。基于WAP的农业信息网站可以为农民提供直接用手机上网查询、发布有关信息,而不必使用计算机。严霞等(2006)则认为虽然基于短信息服务的移动商务模式受到技术实现方式的制约还存在一些不足,但目前已经在城市得到了非常广泛的应用,其在农村信息化发展中也必将起到重要作用,是解决农业信息化"最后一公里"问题的一种有效途径。何绮云等(2006)对广东省的研究表明,基于短信的农业信息服务模式适用于目前的农村经济发展情况,为解决农业信息化问题带来新思路。迟秀全(2006)也认为手机短信服务也可以在农业信息化和农业电子商务中发挥重要作用。在信息农业和档案农业的建设中,移动网络也可以发挥重要作用,研究表明,基于移动短信的方式进行田间数据获取也具有一定可行性。

1.4 农村移动商务研究的意义

本书研究的主要目的是从农村最终用户的视角分析移动商务的应用情况和用户接受行为的特点,探讨适合我国农业和农村信息化特点的移动商务应用模式,为有效利用移动商务、促进农业和农村信息化发展提供对策。

移动通信的发展带来了巨大的商机,而移动商务的应用当前还存在很多问题,其中商家和消费者的态度和接受行为还不够积极是阻碍移动商务发展的一个重要原因。移动商务借助于特定的移动信息技术和移动信息软件平台开展商务活动,作为一种新兴的信息技术的应用,其使用者(个人用户和企业或组织用户)的接受与其他信息技术或者电子商务的接受可能存在着显著的差异,因此,对商家和个人来说,开展或参与移动商务的策略也会有较大的不同。移动商务接受问题的研究有助于对移动商务接受行为基本特征的认识和理解及其中关键影响因素的揭示。因此,对移动商务应用和接受行为的特点和影响因素的研究十分必要,而且具有较强的现实意义。

关于信息系统技术接受的相关研究近十多年来在信息系统研究中一直是一个非常重要的领域,相关理论研究成果也较多,但是关于移动商务技术接受的研究是近几年才开始的,这些研究往往都借用了过去研究其他系统的接受问题的理论基础和模型,还缺乏针对移动商务提出更为适宜和有效的理论模型,原有模型应用于研究移动商务这种新兴信息技术的接受问题时的适用性也还有待深入研究,同时还没有现成的适合于我国农村用户的移动商务接受的理论和实证模型，值得通过进一步的深入研究和探讨来构建并通过实证分析加以验证。因此，对我国农村移动商务接受的分析和研究也具有一定的理论意义。

我国处于移动商务发展初期，由于基础设施不完善，学术界主要关注的是移动商务模式、技术应用等问题的研究。随着移动商务技术的进一步发展和3G网络的正式运行，移动商务的应用开始深入，企业和消费者的接受问题也将逐渐凸显出来。文献检索表明，国内当前关于移动商务接受的研究尚处于起步阶段，相关研究不多，研究的内容主要是关于接受的模型研究和相关应用的实证研究，许多方面的接受研究还没有起步，而针对农村用户的移动商务相关研究基本上还没有开展。本研究将主要分析面向农村地区的移动商务的应用情况，对最终用户的接受行为进行研究，构建理论模型，并进行初步的实证分析，力求为农村移动商务实践和后续的理论研究提供一些参考和借鉴。

移动商务的应用和接受研究可以看做是对于电子商务应用和接受的进一步的研究。移动商务不同于传统电子商务的特点也决定了其接受行为与电子商务接受行为可能会存在较为显著的差异。在电子商务接受研究的基础上进一步深入开展对移动商务接受行为的研究也有助于技术接受理论的进一步拓展。

技术接受相关研究理论在发达国家和地区得到了较为广泛的应用和检验，但是在我国这样的发展中国家是否适用，也是一个值得研究和探讨的问题。目前，针对我国的信息技术接受的研究还并不深入，对于符合我国国情的移动商务接受模型的理论探讨和实证检验也才刚刚起步，本书也希望能在这方面有所贡献。

本书将有助于移动商务参与各方制定有效的移动商务策略。面向农村的移动商务应用和接受行为特点的研究结论对于移动商务相关参与者制定相应的策略、提高各自的经济效益具有较强的现实意义，同时也为进一步促进移动商务更广泛和深入发展的提供决策的理论和实证依据。为促进移动商务持续、健康、快速的发展，研究和探讨消费者移动商务的接受行为，以及如何促进消费者接受移动商务的问题具有较强的实践意义。

我国城乡之间存在着比较独特的二元社会经济模式，城乡之间收入水平、居民文化和生活、行为习惯等方面存在较大的区别。我国农业生产主要以单个农户为基本单位的模式和发达国家也存在显著的区别。而移动商务因为其移动性、操作相对简单等优势有可能在我国农村得到较好的应用。适合农村地区的移动商务应用模式的探讨，有助于移动商务在广大农村地区的进一步发展。

农村地区的移动商务应用和接受的研究有助于制定符合农村地域特点的移动商务策略，可以为面向农村的移动商务应用开发提供决策依据。探析农村地区消费者对于移动商务接受的特点，有助于了解农村消费者的对于现代信息技术手段的接受行为，这对当前开展新农村建设，促进农业信息化和现代化发展都有较强的现实意义。目前国家在农业信息化方面有大量投入，但农业信息化发展的实际进程缓慢，其中一个重要的原因是缺乏从用户接受的角度开展深入研究和探讨，信息化投入对农业生产和农业经济发展的贡献也还有待检验，本研究将重点探究农村用户对于移动信息服务的接受行为和特征，从而进一步探讨移动技术在当前我国农村的应用策略及其在农业和农村信息化发展中的重要作用。移动商务应用广泛、操作简便的特征有利于当前我国农村用户的接受，因而本研究也具有较强的现实意义。

移动商务的消费者接受受到多个方面因素的影响，既包括个人层面的因素，也包括组织、社会层面的因素；既包括技术方面的因素，也包括应用类型和任务特征等方面的因素。这其中除包含 TAM 及其扩展模型中的核心部分感知的有用性和感知的易用性之外，还涉及许多其他因素，而且不同的研究者、运用不同的理论基础、针对不同的应用类型所选用的主要影响因素的差异也较大。其中考虑到移动商务的特殊性的因素有娱乐和趣味性、成本费用、兼容性、安全、隐私、移动性、灵活性、便利性、连接和交易速度、适时性、服务和网络提供者、紧急情况的处理、普适性、个性化、网络类型、网络效果、网络外部性、商品特性、互动性和设备特点等因素。本研究希望通过深入的分析和探讨寻求符合我国农村实际特点的移动商务应用策略和农村用户对移动商务接受的关键影响因素。

因此，本研究将重点面向农村地区移动服务的应用，分析比较当前农村移动服务的应用模式和内容，实证研究影响农村用户接受移动服务，特别是移动信息服务的主要因素，力求从中发现影响接受行为的关键因素，为移动商务相关参与者提供有价值的决策参考。

1.5 本书研究的主要内容与创新

1.5.1 本书的研究内容

本书将结合我国移动商务发展和农村信息化的实际情况，参考国内外移动商务应用和接受行为的研究、农业信息化建设进程中存在的障碍和问题的相关研究，面向农村以最终用户为主体视角，对移动商务在农村的应用和接受问题进行系统的研究，探讨与农业信息化进程相结合、面向农村的移动商务应用发展的模式和路径。本研究将采用定性与定量相结合的方式，注重实证研究，在统计数据和问卷调查数据的基础上，采用 Eviews、SPSS、LISREL、PLS Graph 等软件进行数据处理和分析，涉及的主要数据分析方法包括计量经济学分析、因子分析、结构方程模型分析等。通过理论研究和调查数据的分析，本研究希望得到有价值的研究成果，探讨影响农村移动服务接受行为的不同因素及其重要性，构建适合我国农村特点的移动商务应用模式，提出促进农村移动服务和农村信息化发展的对策建议。

首先，本书介绍了研究背景，即移动商务和农村信息化发展的现状，重点对移动商务接受研究的理论模型进行了综述和分类；其次，分析了我国农村信息化发展中存在的主要问题，并运用统计数据对包含信息化投入的农业生产函数进行实证分析，进一步论证当前农村信息化存在的问题，在此基础上分析了移动商务应用于我国农村的技术和经济上的可行性。再次，通过对当前农村移动商务应用情况的案例分析及基于任务技术匹配理论的研究，更加深入地论证了移动商务应用于我国农村的可行性和可能的效益；在构建农村移动服务用户接受模型的基础上进行问卷调查和实证分析，探讨了影响农村用户接受行为的主要因素。最后，在上述案例分析和实证研究的基础上根据农村用户的需求和移动商务的特点构建了适合我国农村的移动商务商业模式，并提出了农村移动商务发展的相关对策建议。

由于我国农村地域广阔，地区之间的社会经济发展状况和文化特点存在一定的差异，本书中所指的农村除有特别界定以外，均以中部地区农村的一般情况作为典型代表。因为移动商务在农村的应用还只是刚刚起步，深入的商务内容还没有开展，本研究将以移动信息服务作为典型代表的移动服务作为研究重点，而对移动服务和移动商务这两个概念也未作严格的区分，在本书中移动服务等同于移动商务的广义概念。对于信息技术使用的接受和采纳这两个概念虽然严格地说还存在细微的区别，但在多数的研究中其内涵和外延都是一致的，因此在本研究中采纳和接受这两个概念也是通用的。

本书的主要内容见图1-3。

（1）移动商务接受研究的理论模型分类和研究综述。在对移动商务用户接受研究综述的基础上，对移动商务接受研究的理论模型进行了分类。对以往研究的归纳表明移动商务接受研究的基础理论模型主要包括理性行为理论、计划行为理论、创新扩散理论、技术接受模型及其扩展模型，以及任务技术匹配理论等，这些理论模型在接受研究中应用时有的以单一模型的形式出现，也有几种模型结合的形式。同时有学者为研究移动商务接受还创建了一些新的理论模型，如基于价值的技术接受模型（value based acceptance model，VAM）、全球接受模型（global acceptance model，GAT）和指南针接受模型（compass

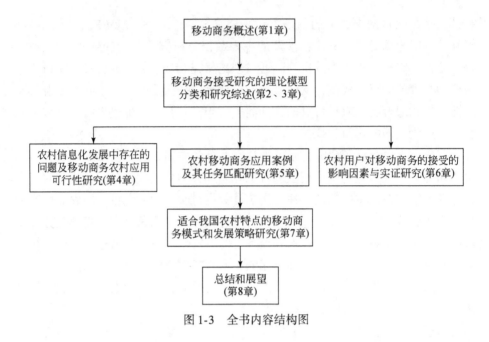

图1-3　全书内容结构图

acceptance model，CAM）等，在分析移动商务应用特点和应用情境的基础上，这些理论模型及其综合形式可以为我国农村移动商务接受研究提供理论模型的支持和参考。

（2）农村信息化发展中存在的问题及移动商务农村应用可行性研究。分析了我国农村用户信息需求的特征和农村信息化存在的问题，基于生产函数理论实证研究了信息化投入和农业产出的关系，初步探讨了基于移动通信技术的农业信息化的可行性。我国农业信息化建设中存在突出的"最后一公里"问题；基于修正的C-D生产函数运用近几年的面板数据进行实证研究的结论表明近几年农村信息设备投入对农业产出的贡献并不明显；进一步的分析表明农村移动商务应用的突出优势和其在技术和经济上的可行性可以较好地解决农业信息化发展中存在的问题，并给农业和农村经济发展带来实际的经济效果。

（3）农村移动商务应用案例及其任务技术匹配研究。在对我国目前两大农村移动服务品牌"农信通"和"农业新时空"进行了案例比较分析的基础上，基于任务技术匹配理论对农村移动商务和农业生产全过程进行了匹配分析。对两大农村移动商务应用品牌的案例分析表明，两大运营商推出的农村移动商务应用具有较大的相似性，同时也有各自的特色，而进一步的任务技术匹配的分析证明农村移动商务技术特点符合农村用户的特点和农村生产的实际需求，可以有效地支持农业生产过程的各个环节，能够促进农业生产效益的提高。

（4）农村用户对移动商务的接受的影响因素和实证模型研究。通过对农村用户行为特征的分析，探讨了影响农村用户接受移动商务的主要因素，基于技术接受和使用的整合理论（UTAUT）、消费者行为理论及信任和满意相关研究，构建了农村移动信息服务接受模型，并基于问卷调查进行了实证研究。通过运用结构方程模型方法对实证调查的数据进行的分析表明，与其他信息技术的接受行为相类似，农村消费者接受移动信息服务的意向受到使用移动信息服务的社会影响和努力期望（易用性）及感知的满意度直接的正向影响，而绩效期望、信任和努力期望又通过影响感知的满意度这一中介变量进而影响到消费者的接受意向。消费者预期的使用行为受到行为意向、感知的满意和便利条件的正向影响，而受到成本因素直接的负向影响。

（5）适合我国农村特点的移动商务模式和发展策略研究。从商业模式的角度分析构建了适合我国农村特点的移动商务的主要模式，并基于模式分析及前几章的理论和实证研究的结论提出了我国农村移动商务发展的策略。基于商业模式的分析框架从服务内容、主要参与者和利润来源三个方面分析了农村移动信息服务、农村移动营销和农村移动交易三种主要的农村移动商务模式；结合理论分析和实证研究的结论从企业和政府不同层面提出了发展农村移动商务的策略。

1.5.2　本书研究的主要创新点

（1）对移动商务接受研究的理论模型进行了分类，并在此基础上根据对移动商务特点和影响农村用户接受移动商务的主要因素的分析构建了对UTAUT模型结合成本、信任和满意等相关因素进行修正的农村移动信息服务接受模型，并实证分析了影响农村移动信息服务的用户接受的主要因素。

（2）探讨了农业和农村信息化发展存在的问题及其原因，基于可行性分析提出农村移动服务可以有效解决农村信息化存在的问题。通过建立基于改进的 C–D 生产函数的农业生产函数模型运用面板数据进行了农村信息化投入和农业产出的实证研究，并基于不同信息技术在农村信息化中应用的比较及经济和技术角度的可行性分析，结合农村用户的特点论证了应用移动商务可以有效解决农村信息化所存在的问题的观点，提出了积极开发面向农村的移动信息服务的应用、促进农业和农村信息化发展的思路。

（3）对当前农村移动商务服务的应用进行了基于案例分析的比较研究，探讨了两个主要农村移动应用品牌各自的优势和特点，基于任务技术匹配理论构建了农村移动商务任务技术匹配的分析框架，并结合农村用户特点和移动商务技术及农村信息需求的特征进一步分析论证了移动商务对于农业生产全过程的匹配和支持作用。

（4）从移动技术用户接受和商业模式分析相结合的角度分析并构建了符合我国农村特点的移动商务应用的主要商业模式，并提出了发展农村移动商务的对策建议。

第2章
信息技术采纳研究

2.1 信息技术采纳研究概况

2.1.1 技术接受模型的提出

20 多年来，对于信息技术接受和使用特点及影响因素的研究一直是信息系统研究中的主要内容，并逐渐趋于成熟。有学者指出关于信息技术采纳的研究占据了信息系统研究期刊的十分之一以上的篇幅。在信息技术采纳的研究中，基于心理学、社会学理论发展出了几个理论模型用于解释技术的接受和使用，其中，技术接受模型（TAM）是信息系统研究中最早形成并得到广泛认可和验证的技术接受理论模型。自从技术接受模型于 1989 年由戴维斯（Davis，1989）等提出后，逐渐被人们广泛用作考察用户使用信息技术的动机及其实际使用情况。最近，美国科技信息研究所（ISI）的社会科学引文索引（social science citation index）发现，自 1999 年以来有 335 种杂志引用了技术接受模型，比起最初提出模型后的十年要多得多，这表示技术接受模型在进行实际研究中的重要作用正被越来越多的人所认识。技术接受模型经过无数次的、对不同水平与不同国家的信息技术的实证研究的考察，表明其是一个简单的但是生命力强的针对技术接受行为进行研究的模型。

TAM 认为自愿接受并使用新的信息技术是由两个因素决定的：①使用新信息技术时感知的有用性（perceived usefulness，PU），反映一个人认为使用一个具体的系统对他工作业绩的提高的程度。②使用新信息技术时感知的易用性（perceived ease of use，PEOU），反映一个人认为容易使用一个具体系统的程度。根据技术接受模型，PEOU 主要是通过 PU 来影响对信息技术的接受，这可能是由于 PU 与使用新信息技术所产生的结果有直接的联系，而 PEOU 则没有，同时提出在 PU 和 PEOU 之间存在着因果联系，认为一个人对使用系统感知的容易或者困难将会影响他对系统易用性的感知。

自从 TAM 出现后，基于其的研究从早期的个人计算机、电子邮件系统、字处理软件及电子制表软件到目前将原有 TAM 扩展用于研究覆盖包括电子商务、管理、教育、医疗卫生等各行各业的复杂的信息系统的接受行为，应用相当广泛，在本章中，主要就基于电子商务的 TAM 选择几个典型的研究模型作一个总结，说明怎样将 TAM 进行扩展以适合具体的研究环境，以及对不同研究环境下的研究模型、主要因素、变量、数据采样和数据分析方法作一个全面的比较，使得读者对技术接受模型是怎样发展起来的，由哪些组成，在具体应用时应该怎样使用有一个初步的了解。

关于技术接受的问题除了 TAM 及其扩展和修正的一系列模型及应用外，信息系统研究领域中关于技术接受问题的研究可以归纳为采用的研究、使用和满意的研究、扩散的研究和教化的研究。采用的研究集中于在个体和微观的层面上描述和解释采用的过程，有的研究聚焦于采用的决策，而有的研究也观察对使用的态度，TAM 的相关研究绝大多数属于这一类；使用和满意研究具有主要研究个人用户或者接纳者这个分析层次，主要的思想是接纳者基于他们个人的需要和动机对于技术使用上的满意；扩散研究主要在宏观和集合的层面上描述采用过程，这样的研究的典型代表是将采用者分为不同的类别，诸如 IDT（创新扩散理论）等提出的早期采用者、早期多数、后期多数、落后者和不采用者；教化研究主要研究使用和使用的结果，这方面的研究偏重于接受和使用过程的研究，然而，教化研究并不局限于个体或者群体，而是像研究个人用户一样对社会群体的采用和使用模式进行描述。本章将重点对 TAM 及其扩展和修正的一系列模型加以分析和比较，同时对于 IDT、TTF（技术任务匹配理论）等也进行了分析。

技术接受模型是戴维斯 1986 在其博士论文中运用理性行为理论（theory of reasoned action，TRA）专门研究用户对信息系统接受所提出的一个模型。TRA 是一个用于预测和解释个人行为的模型，它认为个人行为是由执行某项行为的行为动机所决定的，行为动机是由个人的态度和主观规范所共同决定的，而其中态度是用来描述个人对一项具体行为喜欢或者不喜欢的感觉。除了技术接受模型，计划行为理论（theory of planned behavior，TPB）也可用于解释用户对信息技术的接受行为。TPB 是由 TRA 延伸而来的，该理论的基本前提是：人是有理性的个体，并认为当人们有时间去思考他们所要执行的行为时，行为动机是检视其行为的最好方法，计划行为理论在理性行为理论的基础上增加了第三个决定性因素感知的行为控制（perceived behavioral control，PBC）。

2.1.2 技术采纳研究的分类

1. 技术类型和采纳场合两个维度的分类

费奇曼（Fichman）1992 年在国际信息系统年会上的论文指出，根据信息技术采纳模型研究中所针对的技术类型特征及其使用的不同情境，技术采纳研究模型可以从技术类型的知识要求的高低和技术采纳场合个人和组织的不同这两个维度区分为四大类，即个人使用场合中低知识度或低用户相互依赖性技术采纳模型、个人使用场合中高知识度或高用户相互依赖性技术采纳模型、组织使用场合中低知识度或低用户相互依赖性技术采纳模型、组织使用场合中高知识度或高用户相互依赖性技术采纳模型（图 2-1）。

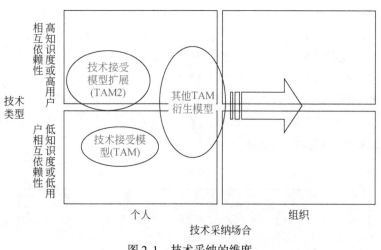

图 2-1　技术采纳的维度

技术采纳场合根据技术使用的环境和目的来看可以分为个人消费者使用场合和组织员工应用场合。有的信息技术属于个人信息沟通或信息处理等用途，这种情况多数是个人作为消费者的角色使用信息技术；有的信息技术是用于组织环境下完成工作任务的需要，此时用户是企业或组织的员工。不同的采纳场合中用户接受的特点和决定因素可能存在显著的差异，因此有必要加以区分，特别是组织环境中的采纳行为受到用户工作与技术的相关性等要素的影响，而且用户在这样的环境中的采纳意愿和行为往往是被动的。

从技术类型特点上看，知识度及用户相互依赖程度的高低的区别主要来自于该项信息技术的使用难度或复杂程度，由于用户知识储备和信息技术使用经验和技能的差异，对不同难度的技术接受和使用的态度可能存在明显的差异，同时其影响因素也会有所不同。

本章后续介绍的技术接受模型，严格地说，都有其使用的技术类型特点和采纳场合，也就是说不能简单地把一个模型放到不同的技术类型或采纳场合中使用，因为这样可能会缺乏解释力。从这个意义上说，对于技术采纳研究模型的技术和采纳场合的适用性问题的研究是很有必要的，目前这样的研究还相对比较缺乏。

2. 基于采纳过程的分类

根据彼得生（Pedersen，2003）等的分析，信息技术采纳的研究可以归纳为采用的研究、使用和满意的研究、扩散的研究和教化的研究（图2-2）。采用的研究集中于在个体和微观的层面上描述和解释采纳的过程，有的研究聚焦于采用的决策，而有的研究也观察对于使用的态度。使用和满意研究主要研究个人用户或者接纳者这个分析层次，主要的思想是接纳者基于他们个人的需要和动机对于技术使用上的满意。扩散研究主要在宏观和集合的层面上描述采用过程，这种研究的典型代表是创新扩散理论将采用者分为不同的类别，诸如早期采用者、早期多数、后期多数、滞后者等。教化研究主要研究使用和使用的结果，教化研究并不局限于个体或者群体，而是像研究个人用户一样对社会群体的采用和使用模式进行描述。

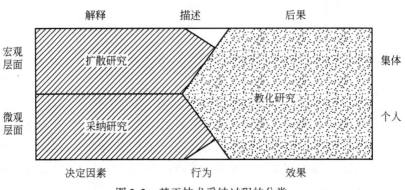

图2-2　基于技术采纳过程的分类

本章后续将介绍多个基于技术接受模型的研究模型。

（1）知识管理信息系统接受模型。该模型主要测度技术接受模型的两个主要因素，包括感知的有用性、感知的易用性与用户使用知识管理系统的动机，以及知识管理系统的实际使用之间的关系。

（2）ERP（enterprise resource planning）应用系统接受模型。该模型着重

研究技术接受模型中两个主要的影响因素——感知的有用性和感知的易用性。研究外部变量对技术接受模型因素的影响不仅有利于理论本身的发展，也有利于制定适当的措施以便更好地接受企业资源计划（ERP）。

（3）Internet 应用接受模型。模型使用戴维斯的技术接受模型对个人的工作业绩进行评估。对日常工作中 Internet 的使用的评估主要依据的是个人对使用与任务有关的网站及 Internet 的印象。为了实证研究办公室工作人员对与任务有关的 Internet 的使用，综合运用了技术接受模型和 Choo 的信息行为模型。信息行为模型主要是说明人们怎样通过信息的需求—搜寻—使用循环来降低任务的不确定性。

（4）Online Shopping 接受模型。模型采用技术接受模型，尽管如此，对于具体 Online Shopping 的接受和使用，由于消费者在选择购买零售商时，享有更多的自主权，所以还必须考虑除了感知的有用性和感知的易用性这两个因素之外的其他因素的影响，包括兼容性（compatibility）、隐私（privacy）、安全（security）、规范的信念（normative beliefs）和自我效用（self efficacy）。

（5）有经验的消费者和无经验的消费者的网上商店（online stores）的接受模型。模型采用 Amazon 网站为研究实例，使用技术接受模型和电子商务的熟悉–信任模型（familiarity and trust model），对消费者的网上购买动机进行研究。

（6）移动商务的接受模型。模型针对移动商务的特点，考虑成本、风险及兼容性等因素的影响对移动商务应用的客户进行实证研究。

这几种应用模型可以分为四类：（1）、（2）两个模型是信息系统接受的研究；（3）是对信息技术接受的研究，这类研究中关于网络的研究比较普遍；（4）、（5）是关于电子商务接受的研究，而同时（5）也是针对特殊对象的接受的研究；（6）是关于移动商务的研究。

2.2 信息技术采纳研究的发展

2.2.1 信息技术采纳研究阶段划分

信息技术采纳的相关研究经过近几十年的发展，其基础理论和模型经过演变，形成了以 TAM 及其扩展理论模型为主线，先后发展出 TAM2、UTAUT（unified theory of acceptance and use of technology，技术接受和使用整合模型）、TAM3、UTAUT2 等多个理论模型并经过了实证检验，形成了各种理论模型不断演化、整合的局面。同时，信息系统技术采纳研究中还涉及动机模型

（motivational model）、交易成本理论（transaction cost theory）、社会认知理论（social cognitive theory，SCT）、个人计算模型（the personal computing model）、终端用户计算满意度（end-user computing satisfaction，EUCS）、基于价值的技术接受模型（VAM）和包括社会和文化因素的全球接受模型（global acceptance of technology model，GAT）等多种理论模型。因此，信息技术采纳研究的发展过程也是多学科、多理论交叉融合发展的历程。

从时间顺序和模型之间的联系来看，各理论模型的形成和发展演化及分期见图2-3。其中发展的分期主要参考了 Lee 等（2003）、张楠等（2006）在对技术接受相关研究进行综述的基础上将技术接受研究划分的四个阶段，即1989 年以前为理论引入阶段，1989～1995 年为模型验证时期，1995～2003 年为理论修正和模型扩展整合时期，2003 年以后为关注不同技术接受背景特点的模型精细化时期。各阶段的典型模型和研究成果见图2-3 和图2-4。

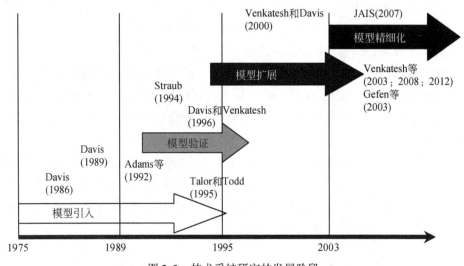

图 2-3　技术采纳研究的发展阶段

2.2.2　技术采纳研究的理论引入阶段

1. 理性行为理论

理性行为理论（theory of reasoned action，TRA）是一个被广泛研究的模型，源于社会心理学，它研究的是有意识行为动机的决定性因素，可用于解释实质上任何一种人类行为。所以，对于不同领域的行为，它都能作出很好的预

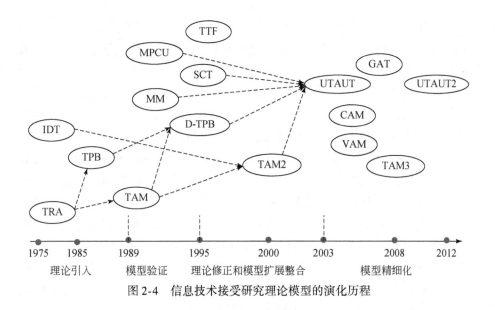

图 2-4　信息技术接受研究理论模型的演化历程

测和解释，是研究人类行为最基础、最有影响力的理论之一。

费希本与阿杰曾（Fishbein and Ajzen，1975）在 1975 年提出理性行为理论，用以解释与预测人类行为决策的过程。他们主张行为（behavior）产生于意向（intention）。理性行为理论指出行为动机（behavior intention，BI）是一种认知活动，反映个人对从事某项行为的意愿与有意识的计划，是对某人打算执行某项具体行为的强度（strength）的一个测量，是预测行为最好的指标。意向产生于两个因素，一个是反映个人的因素，即"对该行为所持的态度（attitude toward the behavior）"，另一个是反映社会影响的因素，即"主观规范（subjective norm）"。根据理性行为理论，一个人执行某项行为是由他的行为动机所决定的，行为动机是由某人对某项行为的态度（attitude，A）和主观规范共同决定的。其模式架构图如图 2-5 所示。

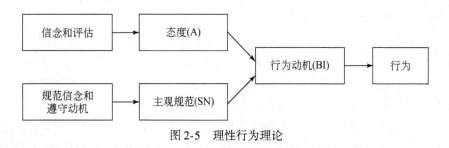

图 2-5　理性行为理论

态度是个人对履行目标行为的积极或者消极感受（可估计的影响）。根据理性行为理论，一个人对某项行为的态度是由他对执行某项行为的结果的显著的信念（beliefs）及对产生的结果评估（evaluations）所决定的。信念定义为对执行某项行为将会产生的结果的可能性的主观意识，评估表示对产生的结果的可估计的反应。

主观规范表示一个人所感知的对他来说很重要的人中大部分认为他应该或者是不应该执行某项不确定的行为，是个人对在采取某一特定行为时所感受到的社会压力的认知，或者个人感觉到比较重要的其他人或者团体认为他应不应该采取某一特定行为的压力。一个人的主观规范是由他的规范的信念（normative beliefs）所决定的，如对具体某些人或某些团队的感知的期望和遵从这些期望的动机。理性行为理论假设个人对该行为的态度越正面以及所感受到周遭的社会压力越大，则个人采纳该行为的意向将越强，一个人对于某行为的态度依次取决于对该行为的结果的显著信念和该行为预期结果的评价。TRA 认为，人的行为选择来源于两个方面，一是个人因素，即对行为后果价值的评估，以及对出现该后果可能性的判断，由此决定了他的行为意愿；二是社会群体因素，即遵从社会规范的动机及对该规范的信任程度，由此决定了他的主观规范性。行为意愿和主观规范性共同决定了他的行为意图，进而影响其最终的行为。

理性行为理论是一个一般的模型，它没有具体化信任到一项特殊的行为。所以，使用理性行为理论模型的研究人员首先要做的就是确定信念，这些信念对研究的行为主体来说是显著的。

从信息系统的角度理解理性行为理论的一个相当有用的方面就在于它认为其他任何影响行为的因素都是通过影响态度和主观规范来间接影响行为的。所以，像系统设计特征、用户特征（包括感知的形式和其他的个性特征）、任务特征、发展或执行过程的本质、政策的影响、组织结构等因素都属于这一类，费希本与阿杰曾（Fishbein and Ajzen，1975）将这些因素当做外部变量（external variables）。这样理性行为理论就综合考虑了影响用户行为的不受控制的环境因素和能够进行控制的因素。

TRA 同时建立了个人主观规范取决于他的基本信念的增函数的理论。例如，感知到某个特定的个人或者群体的预期时，他的动机就会和这一预期相一致。最后，TRA 认为任何其他的因素都通过间接影响态度、主观规范或者其相关的权重而影响行为，这些因素包括用户特征、系统设计和任务特点等。TRA 的提出为各类行为的研究提供了重要的理论支持，也得到了较为广泛的理论应用，至今在科学引文索引（SCI）和社会科学引文索引（SSCI）检索数据库中被引用的次数已经接近上万次。

2. 计划行为理论

计划行为理论（theory of planned behavior，TPB）是由理性行为理论延伸而来的。理性行为理论的主要基本假设为：大部分的人其行为发生时，皆由自己本身的意志所控制，而且合乎理性；人们对某项行为的行为动机是决定该行为发生与否的重要因素。因此，该理论的基本前提是：人是有理性的个体，并认为当人们有时间去思考他们所要执行的行为时，行为动机是检视其行为的最好方法。

TRA 是在"行为的发生乃是基于个人的意志力控制"的假设下，对个人的行为进行预测、解释。但在实际情况下，个人对行为的意志控制程度往往会受到如时间、金钱、信息和能力等诸多因素的影响，因此，理性行为理论对不完全由个人意志所能控制的行为往往无法给予合理的解释。因此，阿杰曾（Ajzen，1985）在 1985 年便将理性行为理论加以延伸，提出了计划行为理论（theory of planned behavior，TPB），期望更适合行为的预测和解释，以增强模型预测用户行为的准确性（图 2-6）。

计划行为理论与理论行为理论的不同之处就在于对行为动机（BI）的预测上。计划行为理论除了态度、主观规范外，另增加了第三个决定性因素感知的行为控制（perceived behavior control，PBC）。

感知的行为控制是指个人感知到完成某一行为容易或困难的程度，它反映个人对某一行为过去的经验和预期的阻碍。当个人认为自己所拥有的资源与机会越多，所预期的阻碍越小，对行为的控制知觉也就越强。感知的行为控制是由控制信念（control beliefs）与感知的便利性（perceived facilitation）共同决定的。所谓控制信念，是指个人对自己所拥有执行某一行为所需的资源、机会或阻碍多少的认知或感知完成行为所必需的资源和机会所存在或缺乏的程度；感知的便利性是指这些资源、机会或阻碍对行为的影响程度，人们对实现任务所需资源重要性的评价。当个人认为自己所拥有的资源与机会越多，所预期的阻碍越小，对行为的控制知觉也就越强。

TPB 模型重点关注个体在无法完全控制他们行为情况下的态度、意向和行为之间的关系。和 TRA 相似，TPB 认为行为意向变量直接决定行为，行为意向是用户态度和主观规范的函数，但是计划行为理论增加了一个态度影响因素即感知的行为控制，认为感知行为控制会影响行为意向，进而影响到行为（图 2-6）。

TRA 和 TPB 理论都假定人们是理性的，在决策过程中会充分使用可获得的信息。如果行为处于不完全控制之下，人们将依赖于必需的资源和机会来完成行为，行为受到个体坚信他拥有完成行为能力强度的影响。

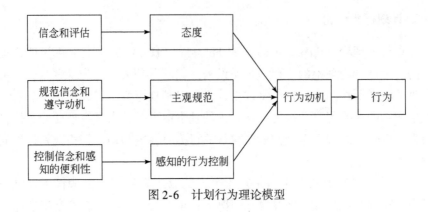

图 2-6　计划行为理论模型

TPB 为研究复杂的个体行为提供了一个有用的理论框架。大量研究发现，态度、对行为的主观标准和感知行为控制可以预测行为意向，意向和感知行为控制可以解释大部分的行为变量。这一理论在信息系统、投资决策等领域得到了广泛的应用。一些学者基于 TPB 研究个体使用信息技术决策时发现，TPB 在许多情形下可以成功地预测行为意向和行为。感知行为控制对行为意向有显著的影响，是决定采用行为的一个重要影响因素。

3. 技术接受模型

许多学者对影响用户接受信息技术的决定因素进行了研究，试图解释个体对信息技术的态度和行为。基于感知意向的用户接受信息技术的影响因素的研究，即技术接受模型是研究用户接受信息系统最有影响的模型之一。该模型不仅成功地获得了许多实证研究的支持，成功地预测和解释了使用者接受和采用信息技术的行为，而且还得到了多种相关理论和模型的支持（如期望理论、自我效率理论、成本收益理论和创新扩散理论等）。

技术接受模型是戴维斯（Davis, 1986）于 1986 年在其博士论文中运用理性行为理论（TRA）专门研究用户对信息系统接受所提出的一个模型，于 1989 年在信息系统季刊上正式发表。戴维斯提出技术接受模型的目的是对计算机广泛接受的决定性因素作一个解释说明，它能够解释在一个大范围中的终端计算机技术和用户的行为。戴维斯在理性行为理论的基础上，延伸了态度—行为—意向的关系，提出技术接受模型，旨在解释和预测使用者经过一段时间与系统交互后接受信息系统的情况，试图研究人们为何接受或者拒绝信息系统，解释信念因素（感知信息系统有用和感知信息系统使用方便）与使用者的态度、意向和真正使用计算机行为之间的关系。Davis 研究发现个体使用系统意向与使用系统的行为显著相关，是决定使用者行为的主要因素，其他因素通过意向影响用户行为（图 2-7）。

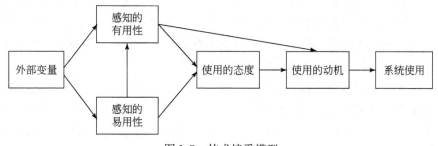

图 2-7　技术接受模型

技术接受模型提出了两个主要的决定信息系统接受的因素：感知的有用性和感知的易用性。感知的有用性用来反映一个人认为使用一个具体的系统对他工作业绩的提高的程度。感知的易用性用来反映一个人认为容易使用一个具体的系统的程度。

与理性行为理论一样，技术接受模型同样假定计算机使用是由行为动机所决定的。但是在技术接受模型中的行为动机是由某人想用的态度和感知的易用性所共同决定的；想用的态度是由感知的有用性和感知的易用性所共同决定的；感知的有用性是由感知的易用性和外部变量（external variables）共同决定的，感知的易用性也是由外部变量（external variables）决定的。这里所说的外部变量与理性行为理论中的外部变量是一样的，它为技术接受模型中存在的内部信念、态度、动机和不同的个人之间的差异、环境约束、可控制的干扰之间建立起了一种联系。

TAM 提出个体真正使用信息系统是由意向决定的。意向由个体对信息系统的态度和他预知信息系统有用共同决定；感知的易用性和感知的有用性是导致使用倾向和使用态度的决定因素。感知有用性受感知信息系统易用性和外在变量影响。感知的有用性定义为个人相信系统的使用将增强他的绩效的程度。感知的易用性是个人相信系统的使用不需要付出努力的程度。Davis 还指出所有未被模型明确包含的其他因素如任务、使用者的特性和系统设计特征等都预期通过感知的易用性和有用性影响使用意图和实际使用，它们是与 TRA 相同的外部变量。另外，Davis 发现感知的易用性主要通过感知的有用性来影响使用意向。由此，根据 TAM，有用性和易用性对用户关于使用系统的态度有显著的影响，使用系统的行为意图是态度和有用性的函数，然后行为意图决定实际使用行为。

TAM 舍弃了 TRA 中的社会群体因素（Davis 认为社会群体因素的作用可以

在个人认知中得到体现)，在个人感知中引入了感知的有用性和感知的易用性两个概念，分别衡量个人所认知到的技术对工作效果的效用程度和掌握该技术的容易程度。该模型最重要的特点在于阐述了感知的有用性、感知的易用性及态度和行为之间的逻辑联系，从而分析影响感知有用性和感知易用性的因素就可以找到能够影响信息技术采纳行为的外部原因。

TAM 及其扩展形式被用于分析多种信息技术的接受，由于其较高的信度和效度被大量理论和实证研究所证明，因此被许多研究者接受，成功地预测和解释了许多使用者接受和采用信息技术和信息系统的行为，一直处于技术接受研究的主流。该理论在 SCI/SSCI 中的引用率也高达近 5000 次。

4. TRA、TPB 和 TAM 主要因素比较分析

表 2-1 比较了三种理论的测度项的异同，其中理性行为理论与计划行为理论中关于态度与主观规范的测度项是相同的。

表 2-1　TRA、TPB 和 TAM 主要测度项比较分析

主要因素	TRA	TPB	TAM
执行某项行为的态度	(1) 使用这个系统是一个坏/好主意 (2) 使用这个系统是一个愚蠢的/明智的主意 (3) 我不喜欢/喜欢使用这个系统的主意 (4) 使用这个系统令人感到不愉快/愉快	(1) 使用这个系统是一个坏/好主意 (2) 使用这个系统是一个愚蠢的/明智的主意 (3) 我不喜欢/喜欢使用这个系统的主意 (4) 使用这个系统令人感到不愉快/愉快	
主观规范	(1) 能够影响我行为的人认为我应该使用这个系统 (2) 对我来说重要的人认为我应该使用这个系统	(1) 能够影响我行为的人认为我应该使用这个系统 (2) 对我来说重要的人认为我应该使用这个系统	
感知的行为控制		(1) 我能控制使用这个系统 (2) 我有使用这个系统所需的资源 (3) 我有使用这个系统所需的知识 (4) 给我使用这个系统所需的资源、机会和知识，我将会很容易地使用这个系统	

主要因素	TRA	TPB	TAM
感知有用性			(1) 在我的工作中使用这个系统使我能够更快地完成任务 (2) 使用这个系统将会改进我的工作业绩 (3) 在我的工作中使用这个系统将会增长我的生产能力 (4) 使用这个系统将会提高我的工作效率 (5) 使用这个系统将会使得我更加容易地工作 (6) 在我工作中，我将会发现这个系统有用 (7) 我将会发现这个系统容易使用
感知易用性			(1) 学习使用这个系统对我来说将会很容易 (2) 我将会发现使用系统做我想做的是很容易的 (3) 我与系统的交互将会是清楚的和明白的 (4) 我将会发现系统能很灵活地进行交互 (5) 熟练地使用系统对我来说将会是很容易的

2.2.3 模型验证时期

这个时期是指 1989～1995 年，Davis 提出的技术接受模型改变了此前研究仅以满意度来描述使用者与信息技术关系的局面，这一开创性的变革立即引起了管理信息系统领域学者的广泛关注。在这一阶段，主要借鉴 TAM 提出的思路，引入与研究对象相关的其他变量解释人们对信息技术的接受行为。

TAM 提出之后，借鉴这一思路，先后出现了激励理论（MM）、计算机使用模型（MPCU）、任务技术匹配（TTF）等理论，社会认知理论（SCT）也在信息技术邻域得到了应用，同时经过了 TAM 的结构效度的争论，马瑟森（Mathieson）在 1992 年比较了 TAM 和 TPB。经过这段时期广泛深入的讨论，TAM 的普遍适用性和相关工作实证方法的合理性得到了广泛认可。

1）对 TRA 和 TAM 的比较和检验

戴维斯（Davis）等 1989 年通过对 109 名全日制 MBA 学生对于一种文字

处理软件的接受行为的研究比较了 TRA 和 TAM 的解释能力。他们的研究分两阶段进行，第一阶段问卷调查在 1 个小时的软件介绍后立即进行，第二阶段调查在 14 周以后。他们的实证研究结果显示，对于两个不同时间的调查，TRA 和 TAM 对于行为意向的方差都有显著的解释。相比较而言，TAM 比 TRA 更好地解释和预测了人们对计算机使用的意向和行为。经过实证检验得出的结论是，人们的计算机使用行为可以从其使用意向得到较好的预测，感知的有用性是人们使用计算机意向的主要决定因素，感知的易用性也是人们使用计算机意向的显著决定因素。

2）对 TAM 和 TPB 的比较和检验

马瑟森（Mathieson，1991）从是否能较好地预测用户使用信息系统的意向、模型所能提供的信息的价值及模型应用的难度等三个方面以 Lotus123 的使用意向为例通过实证研究比较分析了 TAM 和 TPB 两个理论模型对信息系统使用意向的预测能力。马瑟森（Mathieson，1991）的研究发现这两个理论模型都很好地预测了用户的使用意向，而 TAM 略显优势，比 TPB 更好地解释了方差，但并不能单纯以这个实证结果说明一个模型比其他的更好。通过对两个模型差异的比较发现，TAM 比较容易应用，但是在提供关于用户对系统的观点的信息方面，如系统的易用性和有用性等，都还比较笼统，而 TPB 提供了更丰富的信息可以对系统的开发起到指导作用。

2.2.4 整合时期

这个时期是指 1995 ~ 2003 年，前一时期提出的大量理论模型为这一时期的研究提供了广泛的理论基础，以模型修正和不同理论模型间整合为主导思想的研究在此后一段时间成为主流。其中，又以三个模型最为引人注目。

1）TAM 和 TPB 的结合：C-TAM-TPB 模型

1995 年，泰勒和托德（Taylor and Todd，1995）比较了 TAM 和计划行为理论，提出了一个包含上述两模型特点的综合模型（combined TAM and TPB，C-TAM-TPB），这是 TAM 与其他理论整合研究的一个里程碑。由于是在 TPB 模型基础上对其三个影响因素进行分解而来的，该模型又被称为分解的计划行为理论（decomposed theory of planned behavior，DTPB），模型架构图如图 2-8 所示。

模型中态度分解为感知有用性、感知易用性和兼容性，感知有用性和感知易用性源于 TAM，兼容性指的是新技术与潜在使用者的价值观、先前的经验和当前的需要的匹配程度；主观规范分解为同级的影响和上级的影响，同级的

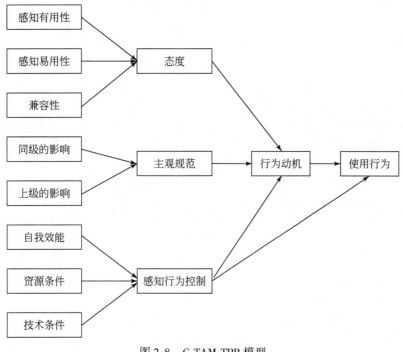

图 2-8　C-TAM-TPB 模型

影响是指朋友、同事或同学对潜在使用者的影响，上级的影响是指长辈、上级领导对其的影响；感知的行为控制分解为自我效能、资源促成条件和技术促成条件，其中自我效能是个人对于利用新技术完成某一项任务的能力的预期，资源促进条件中的资源指的是时间或资金，而技术促进条件指的是新技术与其他相关技术的兼容性。

2）扩展的 TAM

文卡特西与戴维斯（Venkatesh and Davis，2000）将最初的 TAM 延伸，加入 4 个相关社会和组织因素诸如主观规范、印象、产出质量、工作相关性等变量和 3 个使用者认知系统有用的相关变量，建构了一个 TAM 的理论扩展模型（图 2-9），该模型被称为 TAM2（extension of the technology acceptance model），期待能提高对使用者行为的预测和解释能力，模型中主观规范、形象、经验和自愿性是社会性影响变量，工作相关性、产出品质和结果明确性则是 3 个使用者认知系统有用的相关变量。文卡特西（Venkatesh，2003）等通过较长时间的纵向跟踪研究对该模型进行检验，在一定程度上证明了其有效性。但是由于大量因素的引入导致了模型的复杂化，各种因素的定义及其相互之间的关联变得难以解释和验证。相关实证研究结果对 TAM2 模型的支持也不是太强。

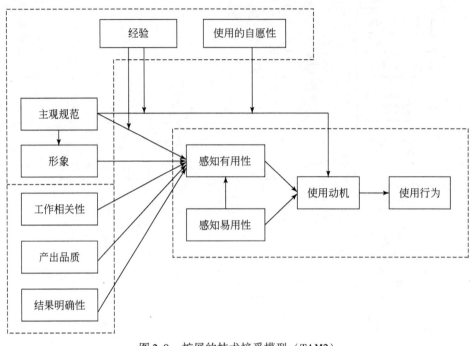

图 2-9　扩展的技术接受模型（TAM2）

3）感知的易用性决定因素研究模型

在构建 TAM2 研究感知的有用性的决定因素的同时，为了研究感知的易用性的决定因素，文卡特西（Venkatesh，2000）基于系统决定因素理论模型中锚定因素和调整因素构建了感知的易用性决定因素研究模型。感知的易用性决定因素模型将内外部控制（计算机自我效能和便利条件）、内在动机（计算机娱乐性）、情感（计算机焦虑感）作为对于决定感知新系统的易用性的锚定因素。而随着经验的增长感知系统的易用性仍然锚定在对计算机及其使用的基本信念上，但会受到客观可用性、感知系统环境的外部控制、对系统感知的愉悦性等因素的调节。文卡特西运用该模型在三个不同的组织的 246 名员工中进行了为期三个月的实证研究。模型在实证研究中得到了很好的支持，对于特定系统感知的易用性的方差解释率达到了 60%，大大高于以往研究（图 2-10）。

4）技术接受和使用的整合理论

文卡特西和莫里斯（Venkatesh and Morris，2003）在管理信息系统季刊（*MIS Quarterly*）第 3 期上发表了一篇文章，在对过去 TAM 有关研究进行总结的基础上，针对探讨"影响使用者认知因素"的问题，基于对理性行为理论、技术接受模型、激励理论（motivational model，MM）、计划行为理论、PC 使用

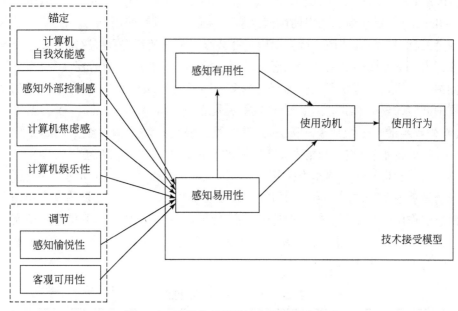

图 2-10 感知的易用性决定因素研究模型

模型（PCUM）、创新扩散理论（innovation diffusion theory，IDT）和社会认知理论（social cognitive theory，SCT）、技术接受模型与计划行为理论整合模型（C-TAM-PB）等理论模型的分析和实证研究的比较，提出了技术接受与使用统一理论（the unified theory of acceptance and use of technology，UTAUT）（图 2-11）。

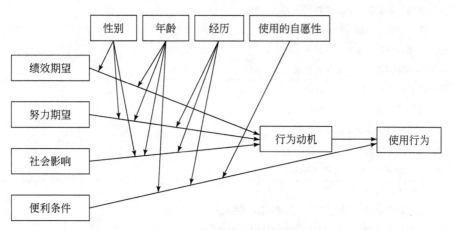

图 2-11 整合的技术接受模型

UTAUT 模型整合了 8 个关于用户接受的模型，包括从中提取出了四个影响用户接受动机的因子，包括绩效期望（performance expectancy）、努力期望

（effort expectancy）、社会影响（social influence）、便利条件（facilitating conditions），旨在揭示用户使用信息系统的意图和后续使用行为。UTAUT认为四个关键因素绩效期望、努力期望、社会影响和便利条件直接决定了使用意向和行为。绩效期望是指"个人感觉使用系统对工作有所帮助的程度"；努力期望指"个人使用系统所需付出努力的多少"；社会影响指"个人所感受到的受周围群体的影响程度"，主要包括主观规范（subjective norm）、社会因素和（对外展示的）公众形象（image）等方面；便利条件则指"个人所感受到组织在相关技术、设备方面对系统使用的支持程度"。UTAUT还指出性别、年龄、经验和自愿使用等作为控制变量对以上四个关键因素对意向和行为的影响起着显著的调节作用。他们的研究结果还发现两个以上控制变量的复合作用会使影响作用更为显著。这一理论建立在总结和合并早期研究解释信息系统实用行为的八个理论模型之上，在一个纵向实证研究中UTAUT解释了使用意向70%的方差（表2-2）。

表2-2　UTAUT的主要测度项

绩效期望（performance expectancy）
（1）我将发现系统对我的工作是有用的
（2）使用该系统可以使我更快地完成工作
（3）使用该系统提高了我的效率
（4）如果使用这种系统，我将提高我升职的概率
努力期望（effort expectancy）
（1）我与该系统的交互是清晰明白的
（2）熟练的使用该系统对我来说很容易
（3）我将发现系统是容易使用的
（4）学习如何操纵这个系统对我来说很容易
使用技术的态度（attitude toward using technology）
（1）使用该系统是一个好/坏主意
（2）该系统使得工作更加有趣
（3）使用该系统很有意思
（4）我喜欢在工作中使用这种系统
社会影响（social influence）
（1）能够影响我的行为的人认为我应该使用该系统
（2）对我很重要的人认为我应该使用该系统
（3）企业的高级管理层对该系统的使用提供了帮助
（4）总之，组织支持使用这种系统

便利条件（facilitating conditions）

（1）我有使用该系统的必需资源

（2）我有使用该系统的必需知识

（3）该系统和我使用的其他系统不兼容

（4）有特定的个人（或团体）帮助解决该系统使用中的困难

自我效能（self-efficacy）

我能利用这种系统完成一份工作或任务……

（1）如果周围没有人告诉我该做什么

（2）如果当我遇到困难的时候我可以请人来帮忙

（3）如果我有足够的时间以完成该软件所针对的工作

（4）如果有内置的帮助功能

焦虑（anxiety）

（1）使用这种方法时我有所顾虑

（2）使用这种方法时如果出了差错，将会丢失很多信息，这使我感到恐惧

（3）对该系统我有点犹豫，因为我害怕犯下不可纠正的错误

（4）该方法对我有一点威胁

使用系统的行为动机（behavioral intention to use the system）

（1）我打算在接下来的 n 个月使用该系统

（2）我预测我会在接下来的 n 个月使用该系统

（3）我计划在接下来的 n 个月使用该系统

2.2.5　模型精细化阶段

这一时期从 2003 年持续到现在，互联网技术的发展吸引了信息技术接受研究的关注，网络的扩张使信息技术接受突破了组织和工作场合的局限，成为对人类工作、学习、生活各方面都有重大意义的问题。这种趋势在 2003 年后更加明显，与几个阶段研究者普遍试图探索信息技术接受行为的通用模型不同，这一时期的研究更多着眼于某项特定信息技术的接受行为建模，多数研究开始对具体某项信息技术的接受行为展开分析。此外，也有研究尝试探讨特殊群体（如医护人员），甚至弱势群体（如老年人）的信息技术接受问题，理论模型与技术接受背景的深入结合拉近了研究与实际应用的距离，也是基于技术接受模型的研究呈现多元化特点。同时在一般通用性模型的研究上也开始呈现对模型进行进一步精细化的特征，主要的典型代表模型有 TAM3（图 2-12）和 UTAUT2。

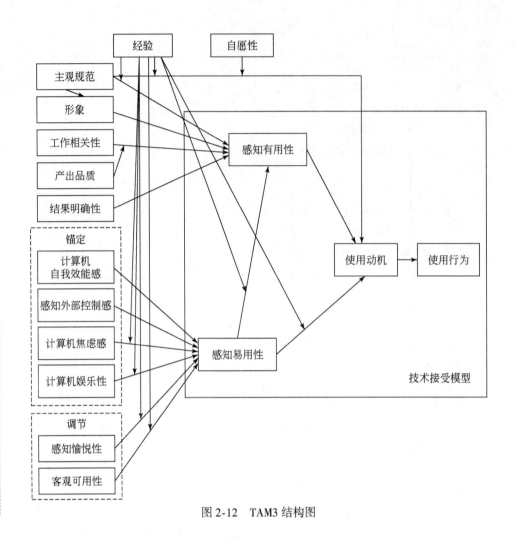

图 2-12　TAM3 结构图

1）TAM3

在 TAM2 模型中文卡特西和戴维斯（Venkatesh and Davis，2000）研究了感知有用性的决定因素，文卡特西也从锚定因素和调整因素两个方面研究了感知易用性的决定因素模型。由于这两个模型是独立构建并分别研究了感知有用性和感知易用性的决定因素，并没有将各因素整合到一个模型中进行研究，对于其中是否存在相互交叉的影响也没有进行检验。以往的研究对组织员工在工作场所采用信息技术的决策行为的特点及其影响因素进行了较深入的研究，但是更重要的问题是经理层干预决策的方式对信息技术采纳将产生更大的影响。管理层的决策特别是各种干预如何影响 IT 采纳的决定因素还需要进一步深入研究。

基于感知有用性和感知易用性决定因素的干预措施有助于管理者作出有效决策，文卡特西和巴拉（Venkatesh and Bala，2008）把 2000 年提出的两个分别研究感知有用性和感知易用性决定因素的模型整合在一起而提出了个人 IT 采纳的综合模型 TAM3（图 2-11），并对这一模型进行了实证检验。在这项研究中，他们还提出了聚焦于实施前后可以增强员工采纳 IT 的干预措施的研究方案，并提出了管理决策的建议。

2）UTAUT2

2012 年文卡特西等（Venkatesh et al.，2012）将近十年来 UTAUT 及其模型的扩展应用的主要类型归纳为三类：①对新采纳情境或者技术的检验；②增加新构件以拓展 UTAUT 内生理论机制的范围；③包含 UTAUT 变量的外生预测因素，同时多数研究使用 UTAUT 时仅使用了原模型的部分因素，部分要素特别是调节变量往往被排除在外，这样导致某些特定场合的研究显得系统性不够。他们结合上述研究的问题在 UTAUT 模型的基础上针对消费者使用场合增加了几个决定因素和相互关系构建了 UTAUT 的扩展模型 UTAUT2（图 2-13）。

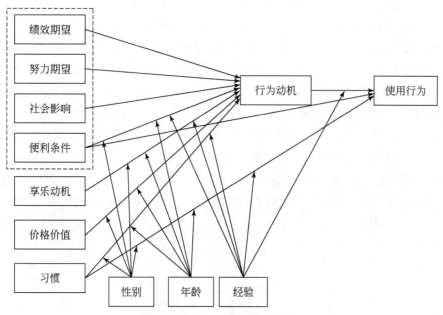

图 2-13　UTAUT2 的模型结构

在 UTAUT2 中文卡特西等在以往对一般采纳和消费者采纳研究的基础上识别了 3 个关键因素，对一些在 UTAUT 原概念模型中已经存在的关系进行了调整，增加了一些新的关系。在 UTAUT 模型基础上加入了三个决定因素，即享乐动机（hedonic motivation）、价格成本（price/cost）和习惯（habit）。他们指出，消费者行为和信息系统研究都发现与享乐动机相关的构建在消费者产品或者技术使用中非常重要，因此有必要将享乐动机作为重要决定因素加入模型中对原 UTAUT 模型进行改善。同时消费者场合与工作场合不同，采纳的成本是由用户自己承担的，而成本对于消费者采纳决策有时甚至是起到决定作用的，为符合消费者采纳场合的特点，价格成本因素应该作为重要的决定因素。对于技术使用的决定因素除了使用意向外，有些研究认为还有其他因素应该放入模型，Venkatesh 等将习惯作为技术使用的决定因素之一加入原 UTAUT 概念模型中。另外在 UTAUT2 中，他们把原 UTAUT 模型中使用的自愿性从调节变量中剔除了，保留了年龄、性别和经验这三个调节变量。经过间隔四个月时间的两阶段在线调查收集，1512 名移动互联网消费者的数据支持了 UTAUT2，同时与 UTAUT 相比较对于行为意图方差的解释得到了实质性的改进（从 56% 提高到 74%），对于技术使用方差的解释也显著提高（从 40% 提高到了 52%）。

3）Compass 接受模型

在安柏格和赫西美尔（Amberg and Hirschmeier，2004）在对 TAM、TTF 等对于移动商务研究的适用性进行研究后认为多数接受模型关注用户接受的一些表象，提供了对这些表象的详细分析结构，但分析是非常费时的，而且更深一步的结果对改进应用的设计是不适当的。基于对整个产品寿命周期的适用性、相关影响因素的平衡性考虑、作为持久控制工具使用和个人要求服务适应性等几个准则，他们提出了 Compass（a cooperation model for personalized and situation dependent services）接受模型（CAM）这个特别为分析和评价移动服务用户接受而设计的模型。CAM 的内容结构由收益、努力、服务和一般条件等方面的因素分类组成。这些分类导致与深入分析用户接受相关的四个维度：感知的有用性、感知的易用性、感知的移动性和感知的成本（图 2-14）。不同于上述其他接受研究的是，他们应用蜘蛛图和靶图的形式使分析和评价可视化。这一模

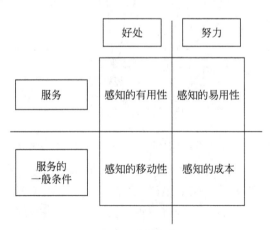

图 2-14　Compass 接受模型的四个维度

型提供了一个移动商务接受研究的新的视角和方法，但这一模型的解释能力还有待更多的研究加以检验。

2.3　技术接受研究中的 IDT 和 TTF

TAM 及其扩展和修正整合的模型的研究主要侧重于个人接受的角度，而 IDT 和 TTF 侧重于从组织层面和技术特点来研究技术接受问题。这两种理论在信息技术接受领域的应用及它们与 TAM 的结合，为技术接受问题的研究提供了不同的研究视角和理论基础。

2.3.1　创新扩散理论

罗杰斯（Rogers，1983）提出的创新扩散理论认为采用个人或单位认为是新的观念、技术或实体，即称之为创新，创新是一种新思想、新产品或新过程，将创新扩散创定义为一种创新随着时间透过社会系统与组织传播的社会过程。一种创新在一个社会系统中的扩散，只有使用者达到系统总人口的某一比例后，整个扩散过程才可以自续。它从宏观层面解释了新兴技术的接受过程。这一理论最近几十年已经被广泛应用于信息技术和信息系统的研究中，特别是在组织或者更加宏观层面的研究。罗杰斯最先定义创新扩散理论为"创新随着时间通过一定渠道在社会系统成员间传播的过程"。

在 IDT 中个人被看做持有不同程度的接受创新的意愿。在同一社会体系中，某些个体比其他成员相对早地采用创新产品，而有些人很晚才采用新产品。采用过程随着时间的变化而呈现一个正态分布曲线。将这一正态分布中的人们分隔开，以个人创新性可划分为五类（从最早到最后的采纳者）：创新者、早期采纳者、早期多数、后期多数、滞后者。创新扩散初期采用的人数很少，随着时间的推移，采用的人数逐渐增加，直到到达顶峰，然后逐渐减少。创新者（innovator）是第一批接受创新构思的人，早期采用者是随后采用创新构思的人。罗杰斯认为早期创新者是冒险的。早期采用者是一个社会系统中，相对年龄较轻、有较高社会地位、财务状况较佳、有较专业化的工作、心智能力超过晚期采用者的人，他们更善于利用比较客观和广泛的信息进行决策。每一类成员具有的典型特点及其比例区别如下。

创新者：敢冒险、受过良好教育、有多种信息来源（2.5%）；

早期采纳者：社会领导者，受过良好教育（13.5%）；

早期多数：深思熟虑、有许多非正式社会联系（34%）；

后期多数：怀疑论的、传统的、较低社会经济地位（34%）；

滞后者：邻居和朋友是主要的信息来源、担心负债（16%）。

当将采纳曲线修改为累积百分比曲线时，会形成 S 形的曲线，它反映了采纳创新的总人口的比例（图 2-15、图 2-16）。

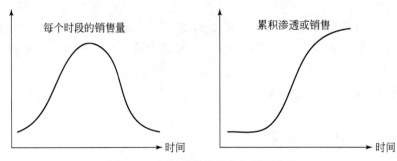

图 2-15 创新采纳的分布和累积曲线

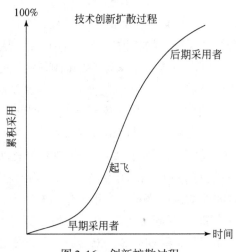

图 2-16 创新扩散过程

创新的性质影响用户采用创新的速度。罗杰斯提出五大因素影响创新的扩散速度，包括相对优势、兼容性、复杂性、可观察性、可试错性（trialability）。①相对优势是感觉到使用创新所带来优势的程度，它一般表现为经济收益、增加有效性，但社会地位的提高、方便和满意也是重要的因素；②兼容性是使用创新与现存的组织价值、以往的经验和潜在采用者的需要的一致性程度；③复杂性，是感觉理解和使用创新相对困难的程度；④可观察性，是使用创新后产生的结果可被观察和传播的程度；⑤可试错性，指可以在使用前小范围内实施和试验创新的程度。

IDT 从 20 世纪 60 年代以来已经被用于多种创新的研究，涉及从农业工具到组织创新等各个方面。在信息系统方面，摩尔和本巴萨（Moore and Benbasat, 1991）修改了罗杰斯提出的创新的特性，重新定义了能用于研究个人技术接受的一套结构。他们的工作扩展了罗杰斯原来提出的五个影响创新采纳的因素，提出八个因素（任意性、相对优势、兼容性、形象、易用性、论证结果的可能性、可观察性和可试错性）影响信息技术的采纳。摩尔和本巴萨（Moore and Benbasat, 1996）进一步对这些创新特性的预见效度进行了研究，找到了对这些创新特性的预见效度的支持。由于早期创新扩散理论在信息系统研究的许多方面都得到了应用，这些研究一致地发现技术兼容性、技术的复杂性和相对优势（感知的需要）是对创新采纳来说是重要的前提，见图 2-17 和表 2-3。

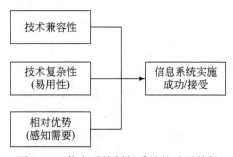

图 2-17　信息系统创新采纳的重要前提

表 2-3　信息系统采纳的核心结构

核心结构	定义
相对优势	感知一项创新比原有的更好的程度（Moore and Benbasat, 1991）
易用性	感知一项创新难于使用的程度（Moore and Benbasat, 1991）
形象	感知一项创新增强个人在其社会系统中形象或地位的程度（Moore and Benbasat, 1991）
可观察性	个人能看到组织中其他使用系统的程度（adapted from Moore and Benbasat）
兼容性	感知一项创新与潜在采用者已有的价值、需要和过去的经验相一致的程度（Moore and Benbasat, 1991）
结果的可能性	使用创新的结果的确定性，包括其可观察性和可交流性（Moore and Benbasat, 1991）
可实验性	在有限基础下，创新可以被潜在采用者实验的程度
使用的自愿	感知使用创新是自愿和自主的程度（Moore and Benbasat, 1991）

此外，罗杰斯还从过程角度提出了创新扩散的五阶段模型：①知识，知晓创新的存在和功能；②说服，变得相信创新的价值；③决定，答应采用创新；

④执行，对于创新的使用；⑤确认，最终接受或拒绝创新。

2.3.2　任务技术匹配模型

在以往以 TAM 为主的技术接受研究中，感知、评价、意向及使用行为多数是由用户自己报告的，这样对于研究结论的准确性将产生一些不确定性的影响，也受到一些学者的批评。为了超越自我报告用户的评价而寻找更好的方法去评价信息系统的成功，古德胡和汤普逊（Goodhue and Thompson，1995）提出了任务技术匹配模型。他们提出一项信息技术要对个人绩效产生正的影响，这项技术必须被利用，必须与其支持的任务很好的匹配。任务技术匹配为信息技术影响个人绩效的问题提供了理论基础。当一项技术提供的作用支持任务的要求与之匹配时，将对绩效产生影响作用。在匹配群体支持系统的特征和不同的群体任务要求时，兹格斯和巴克兰（Zigurs and Buckland，1998）的研究也建立在任务技术匹配的基础之上。后来古德胡和汤普逊（Goodhue and Thompson，1995）的研究工作也被扩展和整合到技术接受模型的研究之中。

信息技术从本质上讲是使用者用来完成工作任务的一种工具，如果不考虑工作任务的特点，会导致模型对信息技术采用的解释模糊不清。任务技术匹配模型（task technology fit，TTF）认为信息技术的使用绩效来源于任务与技术的匹配，即某项技术所具有的特征和所提供的支持是否恰好适合于某项任务的要求。任务技术匹配模型被用于解释信息技术对工作任务的支持能力，通过描述认知心理和认知行为来揭示信息技术如何作用于个人的任务绩效，反映了信息技术和任务需求之间存在的逻辑关系。TTF 理论认为如果信息技术的能力与用户必须完成的任务相匹配，信息技术会对个人绩效有正的影响，古德胡和汤普逊 1995 年提出由八个因素组成的对任务技术匹配的测度：质量、查找能力、授权、兼容性、易用性、适时生产、系统可靠性和与用户的关系。上述每个因素通过 2 ~ 6 个问题来测度，这一与使用相关联的 TTF 理论在调查研究中可以显著地预测到用户反映出的工作绩效和效率改进归功于他们对系统的使用（图 2-18）。

TTF 理论已经在信息系统研究领域，包括电子商务、移动商务在内的不同范围中得到应用。古德胡和汤普逊提出的 TTF 模型因为要适合特定的研究目标而被多次修改。TTF 的基本模型有四个关键因子，"任务特征"和"技术特征"共同影响第三个因子即任务技术的匹配度，其接下来影响产出变量因子（绩效或利用率）。随后的研究普遍都将"个体特征"加入 TFF 模型。其有效性已被信息系统领域的相关研究所支持。

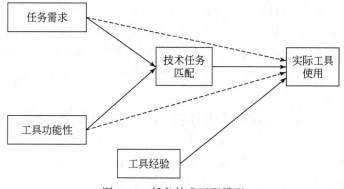

图 2-18　任务技术匹配模型

迪萧和斯壮（Dishaw and Strong，1999）研究发现，TTF 预测工作相关的任务使用比 TAM 更有效。他们发现工作和技术影响 TTF，TTF 影响"感知的易用性"和"实际的使用"，而对"感知的有用性"的影响则不明显，其研究还得出了用 TTF 和 TAM 组合的模型解释优于单独的 TAM 或 TTF 模型的结论（图 2-19）。TAM 和 TTF 两个模型的整合，极大提高了 TAM 的解释和预测能力。古德胡和汤普逊 1995 年的模型在个人层次进行了研究，而兹格斯和巴克兰 1998 年提出了一个基于群体层次的类似的模型。

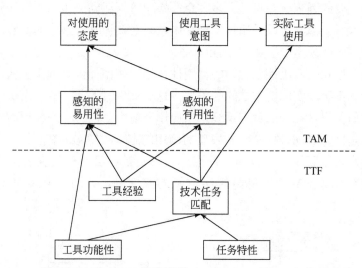

图 2-19　TAM/TTF 整合模型（Dishaw and Strong，1999）

Chan 等（2002）构造出与"匹配"（fit）相似的"兼容性"（compatibility）概念。"兼容性"比"匹配"的内涵要大得多，"兼容性"不仅评价技术的使用是否适合使用者的价值、信念和想法，还评价技术的使用和工作需要是否适合。其研究发现"兼容性"对"认知的有用性"和"使用态度"都有影响。

TTF 的研究在组织层面上，是考虑匹配与效用或适应性的相关；在个人层面上，则发现"系统/工作匹配"可以用来很好地预测 IS 的使用状况。"匹配"的研究还涉及更加广泛意义上的任务、系统、个体特征和绩效。

2.4 不同应用系统 TAM 的结构分析

由于技术接受模型简单及各种实证研究对其价值的证实，其被信息技术研究人员广泛地用来研究用户对各种信息技术的接受。在将技术接受模型用于考察对具体的某项信息技术的接受时，需对其作不同程度的扩充及修改使得它能够适用于具体的应用环境。下面就技术接受模型的 5 个具体应用作简要分析。

2.4.1 知识管理信息系统接受模型的结构

由于很多组织意识到竞争力依赖于对智力资源的有效管理这个事实，所以知识管理正快速地成为一个很重要的组织职能。知识管理包括大范围的、复杂的组织、社会和行为的因素，尽管如此，现代信息技术是目前知识管理不断关注的一个主要的因素，并且是大多数企业知识管理活动的中心。由于知识管理由信息技术所支撑，所以采用技术接受模型来对知识管理系统的实施进行研究是合适的。研究模型如图 2-20 所示，该模型主要测度技术接受模型的两个主要因素——感知的有用性和感知的易用性，用户使用知识管理系统的动机，以及知识管理系统的实际使用之间的关系。这个研究模型跟 Davis 最初的技术接受模型类似，但是在知识管理系统这个应用环境中，没有考虑使用的态度这个因素，这是因为 Davis 在 1989 年发现的使用的态度在感知的有用性对使用的行为动机的影响方面只起部分调节作用。外部变量也没有包括在这个研究模型中，因为在这个研究中没有打算研究影响感知的有用性和感知的易用性的前因。

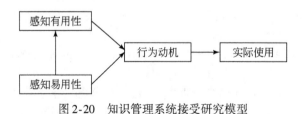

图 2-20　知识管理系统接受研究模型

2.4.2　ERP 应用系统接受模型的结构

　　企业资源计划是一个能够处理包括财政、人力资源、制造、物资管理、销售和分配在内的多种功能的系统。整个商业世界对 ERP 的接受被吹捧为整个 20 世纪 90 年代在团体对信息技术的使用方面最重要的发展之一。实施 ERP 需要大量重要的组织资源，并存在不可避免的由于大量的投资所带来的风险。所以，实施企业资源计划系统比起传统的简单的信息技术系统的实施是一个完全不相同的信息技术应用范畴。

　　在这个研究中，着重研究技术接受模型中影响两个主要的因素——感知的有用性和感知的易用性。研究外部变量对技术接受模型因素的影响不仅有利于理论本身的发展，也有利于制定适当的措施以便更好地接受企业资源计划。研究模型如图 2-21 所示，这个模型包括了技术接受模型中的几个主要的因素，同时定义了三个外部变量，ERP 系统的项目沟通（project communication related to ERP system，PJC），对 ERP 系统能产生利益的共识（shared belief in the benefits of ERP system，BENB），ERP 系统的培训（training on ERP system，TR）。对 ERP 系统的接受最先可能就是高级的管理工作者，ERP 系统的项目沟通（PJC）使得关于 ERP 系统的信息从高级管理人员那里流向其他人员。对 ERP 系统能产生利益的共识（BENB）是指同行及管理人员之间对 ERP 系统的价值所达成的共识。ERP 系统的训练包括内部培训和外部培训，是指对用户进行的一系列培训。

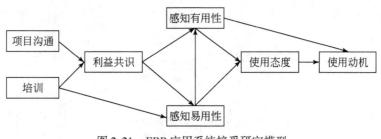

图 2-21　ERP 应用系统接受研究模型

2.4.3　Internet 应用接受模型的结构

　　最近几年，企业对 Internet 的使用正快速发展，大多数企业都意识到它们正越来越多地使用 Internet，特别是在共享重要的信息资源时。开发基于 Internet 的系统及建立企业内部的互联网（Intranet），有助于通过打破供应者与需求者之间的时间和距离的障碍来减少成本并提高生产率。在日常的工作中，企业使用Internet 主要是用来收集信息，尽管如此，怎样取得企业所期望的信息的问题是企业使用 Internet 的一个主要障碍。收集与任务有关的信息已经成为信息使用 Internet 的一个主要的方面。更为重要的是，信息处理的性能越来越取决于信息与组织的任务匹配程度。随着对 Internet 利用的不断增加，人们也就会在Internet 上花更多的时间并且关心 Internet 对他们完成任务的效率有多大程度的提高。

在这个研究中，使用 Davis 的技术接受模型对个人的工作业绩进行评估。对日常工作中 Internet 的使用的评估主要依据的是个人对使用与任务有关的网站及 Intranet 的印象。为了实证研究办公室工作人员对与任务有关的 Internet 的使用，综合运用了技术接受模型和乔（Choo）的信息行为模型，信息行为模型主要是说明人们怎样通过信息的需求—搜寻—使用循环来降低任务的不确定性。具体研究模型如图 2-22 所示。以信息行为模型所提出的循环为基础，从三个方面来对工作中 Internet 的使用进行评估研究。在信息需求方面，主要就相关的信息能否解决问题的个人的判断进行模拟研究，提出影响因素——相关性（relevance, RELE）；在信息搜寻阶段，使用两个技术因素（PU, PEOU），以及一个个人因素（attitudes toward the internet, A）对个人的评估进行研究；在信息使用阶段，用感知的绩效（perceived performance, PP）进行研究，因为对用户来说，比起具体的使用 Internet 来说，评估决策制定所带来的结果及通过使用 Internet 能解决的实际问题就更为重要一些。

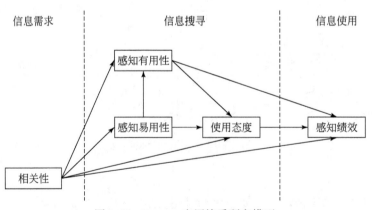

图 2-22　Internet 应用接受研究模型

2.4.4　B2C 网上购物接受模型的结构

在最近几年，大量网上零售商的快速破产使得人们对商家—消费者（Business to Consumer，B2C）这种网上销售模式的过度乐观的期望有所降低。目前，B2C 电子商务还处于发展的初期，传统零售销售渠道仍具有明显的优势。尽管如此，B2C 电子商务作为一种补充性质的销售媒介甚至取代其他媒介的趋势并没有消失。

Amazon、eBay、Travelocity 这几个电子商务网站相对持久稳定的发展显示出电子商务零售商能够克服时间和空间上的障碍来为消费者提供更好的服务——通过为消费者提供大量的产品信息，专家建议，用定制化的服务提高他们的经验，以及建立快速的订单过程、电子产品的快速交付等。但是同时也存在着很多挑战，尤其是在网站的界面设计，如订单的填写、付款的方式，以及消费者个人信息的保护方面。

在对网上购物接受的研究中，可采用技术接受模型，但在具体网上购物的接受和使用方面，由于消费者在选择购买零售商时，享有更多的自主权，所以还必须考虑除了感知的有用性和感知的易用性这两个因素之外的其他因素的影响，包括兼容性（compatibility）、隐私（privacy）、安全（security）、规范的信念（normative beliefs）和自我效用（self-efficacy）。研究模型如图 2-23所示。

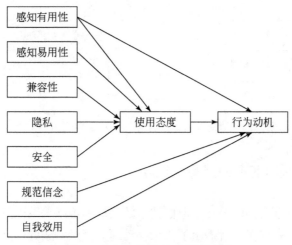

图 2-23　网上购物接受研究模型

2.4.5 消费者熟悉影响网上商店接受模型的结构

吸引新的消费者并且同时留住已经有的消费者是电子商务成功的关键。消费者对网上商家的信任在吸引新的消费者和留住已经有的消费者两方面都起着重要的作用，尤其是消费者对网上商店是否可信的判断将会影响新老消费者参与电子商务的意愿。信任在电子商务中格外重要，因为消费者在这种环境中更加容易被商家利用。亚马逊就在没有征求消费者同意的情况下与第三方机构共享消费者个人的信息。虽然消费者的信任是影响消费者接受并使用电子商务的一个很重要的因素，但并不是唯一的因素。在进行网上交易时，要求消费者通过商家的网站与商家进行交互，与其他信息技术的应用一样，决定开始使用网站并且继续使用它同样取决于技术接受模型中的两个关键因素——感知的有用性和感知的易用性。这样对网上商店的接受的研究就可以从两个紧密联系并且互补的方面进行研究：作为一个商家和作为一项信息技术。

在早期的研究中，总是侧重于某一方面进行研究，在本研究中，以Amazon网站为例，使用技术接受模型和电子商务的熟悉–信任模型（familiarity and trust model）从上述两个方面对消费者的网上购买动机进行研究。具体研究模型如图 2-24 所示。

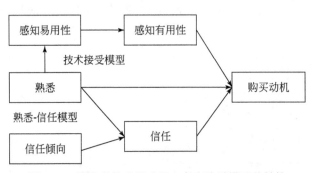

图 2-24　消费者熟悉影响网上商店接受模型的结构

2.4.6 移动商务的接受模型

移动商务是近几年随着无线通信技术的发展和逐渐普及而发展起来的一种新兴商务模式，有许多学者提出了关于移动商务接受问题的研究模型，涉及包括 TAM 及其修正、TPB、IDT、TTF 等在内的技术接受研究的各种相关理论背景。其中，将创新扩散理论、感知的成本和风险整合到 TAM 中去的移动商务接受研究模型是比较典型的代表之一。该模型在 TAM 基础上加入了创新扩散理论中的兼容性因素和与移动商务技术和应用联系较为紧密的感知风险和成本因素，研究模型见图 2-25。

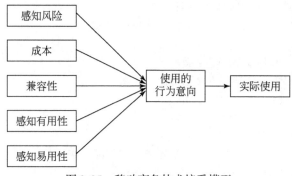

图 2-25　移动商务技术接受模型

有的学者也将信任等相关因素考虑进来，或者结合 TTF 等理论模型的应用对于移动商务开展了接受问题的研究。

2.4.7　不同应用系统 TAM 的主要因素比较分析

上述针对不同类型信息技术应用系统的接受研究均以 TAM 模型为研究的主要理论基础，一些研究在 TAM 基础上结合系统特点增加了一些影响因素，表 2-4 对上述研究中所使用的相关因素及其测量进行了比较。

表 2-4　不同应用系统 TAM 的主要因素比较分析

系统	主要因素分析
知识管理信息系统模型	感知有用性 (1) 使用知识管理信息系统将会改善我的工作业绩 (2) 使用知识管理信息系统将会提高我的效率 (3) 使用知识管理信息系统将会提高我的效率 (4) 我发现知识管理信息系统将会很有用 感知易用性 (1) 我同知识管理信息系统的交互是清楚的、明白的 (2) 同知识管理信息系统的交互不需要我太多的努力 (3) 我发现知识管理信息系统容易使用 (4) 我发现很容易利用知识管理信息系统做我想做的事 行为动机 (1) 如果我有权使用知识管理信息系统，我就打算使用它

系统	主要因素分析
知识管理信息系统模型	（2）如果我有权使用知识管理信息系统，我将会使用它 （3）我期待使用知识管理信息系统 （4）可能在不久的将来，我会使用知识管理信息系统 系统使用 （1）我经常使用知识管理信息系统 （2）我总是使用知识管理信息系统解决工作中的问题 （3）我将会继续使用知识管理信息系统
ERP应用系统接受模型	项目沟通 （1）通过公司消息系统，我能很好地得知有关计划的信息 （2）我能够通过对计划的陈述、演示得知有关的信息 培训 （1）提供给我的训练是完全的 （2）我的理解水平经过训练后有实质性的提高 （3）训练使我对新的系统充满自信 （4）训练足够细致，时间足够长 （5）培训者具备专业知识的，并旨在使我理解这个系统 利益的共识 （1）我相信新系统能够带来利益 （2）我的同行也相信新系统能够带来利益 （3）我的领导层相信新系统能够带来利益 感知有用性 （1）使用新系统将会增长我的效率 （2）新系统在我的工作中将会是有用的 感知易用性 （1）学会使用新系统对我来说是容易的 （2）我发现利用新系统做我想做的事很容易 想用的态度 （1）新系统将会提供得到更多的数据 （2）新系统使得数据分析更加容易 （3）新系统比旧系统更好 （4）新系统将会提供更精确的信息 （5）新系统将会提供完整的、及时的、可靠的信息 使用ERP系统的行为动机 （1）我期待使用新系统 （2）我期待使用新系统产生的信息

系统	主要因素分析
Internet 应用 接受 模型	感知有用性 （1）使用 Internet 能够使我更快地完成任务 （2）使用 Internet 能改善我的业绩 （3）使用 Internet 能够增加我的效率 （4）使用 Internet 能够提高我的效率 感知易用性 （1）学习使用 Internet 对我来说很容易 （2）我能够使用 Internet 得到我想要的信息 （3）同 Internet 的交互是清楚的、明白的 （4）总的来说，我发现 Internet 容易使用 相关性 （1）我收集实时的网上信息来满足我工作的需求 （2）我得到有用的网上信息支持我的工作 （3）我拥有完成我的工作需用到的信息 使用态度 （1）我喜欢使用 Internet （2）对我说使用 Internet 是一种乐趣 （3）我很期待学会怎样使用 Internet 感知的业绩 （1）我成功地使用 Internet 完成我的工作 （2）我对使用 Internet 带来的对我工作业绩的影响感到满意
B2C 网上 购物 接受 模型	感知有用性 （1）Internet 能够使我快速地完成购物 （2）Internet 使我购物时容易作出比较 （3）Internet 使我能够得到有用的购物信息 感知易用性 （1）学习使用 Internet 进行购物对我来说很容易 （2）我认为进行网上购物是很麻烦的 （3）使用 Internet 进行购物是令人失望的 兼容性 （1）使用 Internet 购买商品或者服务与我喜欢的购物方式一致 （2）使用 Internet 进行购物适合我的生活方式 隐私 （1）我的隐私在 Internet 上会受到损害 （2）我不能相信 Internet 商家能够保护我的隐私

系统	主要因素分析
B2C 网上购物接受模型	安全 (1) 使用信用卡进行网上购物是安全的 (2) 总的说来，在网上支付是安全的 自我效用 (1) 我精通使用 Internet 进行网上购物 (2) 我因为能够使用 Internet 进行网上购物感到自信 使用态度 (1) 使用 Internet 购物是一个好主意 (2) 我喜欢使用 Internet 购物 行为动机 (1) 我打算经常使用 Internet 购物 (2) 不论何时，我都使用 Internet 购物 (3) 请指出在将来你会使用 Internet 购物的可能性（极不可能–极可能）
消费者熟悉影响网上商店接受的模型	感知有用性 (1) Amazon.com 用于搜寻购买书是有用的 (2) Amazon.com 改善我在搜寻和购买书方面的绩效 (3) Amazon.com 使我能够快速的搜寻和购买书 (4) Amazon.com 提高我在搜寻和购买书方面的效率 (5) Amazon.com 使得搜寻和购买书变得很容易 (6) Amazon.com 增加我在搜寻和购买书方面上的效率 感知易用性 (1) Amazon.com 容易使用 (2) 很容易熟练地使用 Amazon.com (3) 学习使用 Amazon.com 很容易 (4) 与 Amazon.com 进行交互很灵活 (5) 我与 Amazon.com 的交互是清楚的、明白的 (6) 很容易同 Amazon.com 交互 熟悉 (1) 我对 Amazon.com 很熟悉 (2) 在 Amazon.com 上，我很熟悉怎样询问书的等级 信任 (1) 即使没有监督，我也信任 Amazon.com (2) 我信任 Amazon.com 信任倾向 (1) 我通常都信任其他人 (2) 我易于依赖其他人

系统	主要因素分析
消费者熟悉影响网上商店接受的模型	（3）我通常都对人类充满信心 （4）我感觉一般来说人都是可靠的 （5）除非给我一个理由，否则我总是信任其他人 购买动机 （1）我会使用信用卡在 Amazon.com 上购买书 （2）我很有可能从 Amazon.com 上购买书
移动商务接受模型	感知有用性 （1）使用移动商务可以改进我在线交易的绩效 （2）使用移动商务可以增加我在线交易的生产力 （3）使用移动商务可以增强我在线交易的效率 （4）使用移动商务使我参加在线交易变得很容易 （5）我认为使用移动商务对于我参与在线交易非常有用 感知易用性 （1）我认为学习使用移动商务非常容易 （2）我认为通过移动商务找我想要的很容易 （3）我认为熟练使用移动商务很容易 （4）我认为使用移动商务很容易 兼容性 （1）使用移动商务和我在线交易多数方面都可以兼容 （2）使用移动商务适合我的生活方式 （3）使用移动商务与我所喜欢的参与在线交易的方式能够很符合 成本 （1）我认为使用移动商务的设备成本很贵 （2）我认为使用移动商务的进入成本很高 （3）我认为使用移动商务的交易费用很高 感知风险 （1）我认为在移动商务中使用货币交易存在潜在风险 （2）我认为使用移动商务购买产品存在潜在风险 （3）我认为在商品服务中使用移动商务存在潜在风险 （4）我认为使用移动商务让我的隐私有风险 行为动机 （1）假如我进入移动商务，我倾向于使用它 （2）假定我接入移动商务，我预计我会使用它

2.5 不同应用系统 TAM 的实证研究分析

2.5.1 不同应用系统采纳研究的变量选择

对于不同应用系统的采纳研究，多数学者选择了在使用 TAM 模型核心构念的基础上结合系统特点和情境对影响行为动机和使用行为的因素进行调整，对上节中实证研究经典文献的模型变量进行，汇总如表 2-5 所示。

表 2-5　模型所采用的变量汇总

模型	模型的自变量	模型的中间变量	模型的因变量
知识管理信息系统接受模型	感知的有用性、感知的易用性	行为动机	系统使用
ERP 应用系统接受模型	项目沟通、培训、利益的共识、感知有用性、感知易用性	想用的态度	使用 ERP 系统的行为动机
Internet 应用接受模型	相关性	感知有用性、感知易用性、想用的态度	感知的绩效
B2C 网上购物接受模型	感知有用性、感知易用性、兼容性、隐私、安全、规范的信念、自我效用	想用的态度	行为动机
消费者熟悉影响网上商店接受模型	熟悉、信任倾向	信任、感知有用性、感知易用性	购买动机
移动商务	感知有用性、感知易用性、成本、感知风险、兼容性	行为动机	实际使用

2.5.2 实证研究中数据的采样和数据分析方法

出于方便和成本的考虑，大部分实验的受试者为大学的本科生或研究生。实验的过程一般为首先让学生访问一个网站，之后让他们根据访问网站的感受填写问卷，也有直接让受试者填写问卷的。问卷的编制采用了 Likert 法，即每个问题提供 5 种或 7 种选择，以 5 种为例分为：很不赞同（1）、不赞同（2）、既不赞同也不反对（3）、基本赞同（4）、很赞同（5）。这符合人们判断问题的方式。问卷回收之后要进行甄别，剔除那些不合格的。然后首先检验问卷的信度（reliability）和效度（validity），之后再采用各种方法，如主成分分析法、结构方程模型、多元线性回归、偏最小二乘回归（PLS）等方法来验证模型（表 2-6）。

表 2-6 研究方法汇总

模型	实验对象	实验过程	数据分析方法
知识管理信息系统接受模型	美国东北部两个主要的大城市中同系统有过接触的雇员	给每一个人受访者提供一个密码访问一所大学的服务器，随后填写其中的网上问卷	相关分析、回归分析
ERP 应用系统接受模型	一家拥有大约 20 000 名雇员的全球性的保健产品公司的 1562 名位于美国不同地区并工作在不同部门的雇员	通过邮件的形式向受访者寄出问卷	结构方程模型
Internet 应用接受模型	包括一家研究所、两家 PC 制造公司、一家 DRAM 制造公司、一家航空电子制造公司、一家消费电子产品制造公司、一家保险公司及三家银行等十家台湾中小型公司中在目前职位上有 3～10 年工作经验的高级雇员	向受访者寄去问卷，每一份问卷都设计有很吸引人的封面，并在上面写明了调查的目的及保证受访者隐私，要求每一个受试者表明他们对每一个因子的同意程度	因素分析、主成分分析法、多元线性回归
B2C 网上购物接受模型	800 名居住在美国中西部的一个城市的成年人	先给 800 名受试者中 100 名寄去邮件，包括有一封介绍信、问卷和一个已预付邮资的信封。为激励受试者回复，提供了 25 美元现金券，可在餐馆和零售店使用。一个星期后再给他们寄去一张卡片。这个调查结束后，给剩下的 700 名受试者寄去问卷	主成分分析法、多元线性回归

模型	实验对象	实验过程	数据分析方法
消费者熟悉影响网上商店接受的模型	MBA、高年级大学生	首先，让所有学生在一间与互联网连接的实验室进行课堂讨论，然后所有人链接到 www.amazon.com，搜寻他们的教科书，他们需要完成买书的全过程，但是并不实际购买它。完成这个过程后，填写问卷	确认性因素分析、偏最小二乘法（PLS）回归分析
移动商务接受模型	公司客户和网络学员	对于 B2C 移动商务环境下的调查，用户从四种一般在线交易方式中的一种：在线银行、购物、投资和在线服务，包括台湾四个主要的私人无线通信服务提供商、两个最主要的银行和两个知名的证券投资公司。通过公司客户服务部发放 850 分问卷，同时在大学网站上向网络学员贴出了问卷	结构方程模型

2.6 技术采纳研究的局限与发展方向

2.6.1 技术采纳研究的主要贡献

李（Lee，2003）等对 1986～2003 年 100 多篇 TAM 相关研究文献进行了综述，指出了这一研究领域取得的成绩和存在的不足，并提出了未来研究的发展方向。他们认为 TAM 模型研究的主要贡献有两个方面：①TAM 提供了一个检验导致信息系统接受的主要因素的简洁的模型。它包含了系统化的基础并对以往分散的研究进行了聚焦。这一标准化对从混合或不确定的结果中发现更重要内涵的检验提供了支持，并为进一步的研究提供了指导。正如戴维斯（Davis）所说，"它也为许多扩展和精细化研究提供了一个起点，并和技术接受的替代或者竞争模型进行了比较"。②TAM 提供了一个增进我们对信息接受知识的研究论文的重要流派。它通过严谨的研究增强了信息系统领域的研究。

TAM 可以说是信息系统研究领域中为数不多的属于信息系统学科自己的理论，它也是信息系统研究中最有影响和被广泛运用的理论（超越了诺兰阶段模型理论的地位），它为信息系统领域的其他研究提供了示范，同时 TAM 还被其他商业学科作为研究检验的工具之一。

里格瑞斯（Legris et al.，2003）等也对信息技术采纳研究进行了比较系统的综述和分析评价。里格瑞斯指出戴维斯提出的 TAM 是非常有用的模型，在帮助理解和解释信息系统实施中的使用行为起到了重要作用，并经过了大量实证研究的检验，模型使用的工具也被证明是高质量的，并得到了统计上可信的结果。

《国际信息系统学会会刊》（*Journal of the Association for Information System*，*JAIS*）2007 年出版了一期特刊专门讨论了信息技术采纳研究的研究现状、存在的问题和发展方向。卢卡斯（Lucas）等明确指出，"TAM 实际上已经在个人采纳 IT 创新的研究中占据了中心位置"，因为在 IT 采纳和扩散研究中最著名的理论就是技术接受模型，而且以技术接受模型为基础的研究已经成功识别了在不同情境下实施成功的大量影响因素。

2.6.2　技术采纳研究的局限

李（Lee）等在文献分析的基础上指出了 TAM 相关研究的主要局限，包括：①多数研究都假定将被试者自我报告使用的情况作为其实际使用的测量。然而，自我报告使用将受到共同方法偏差（common method bias）的制约，将歪曲和夸大自变量和因变量之间的因果关系。②仅在单一时间点对同类群体的一种信息系统采纳进行检验，这将提高任何单一研究的通用性问题。以学生为主体的使用也会对研究结果的通用性带来影响。③横截面研究为主导也是一个主要的局限。由于用户感知和意图会随时间改变，在不同时间进行测量就显得非常重要，但是由于操作上相对比较复杂和麻烦，所以仅仅对一少部分研究进行了纵向的比较。横截面研究主要的弱点是不能推出研究结果中的因果关系。④被解释的方差较低也是 TAM 研究中存在的一个主要问题。在以往许多研究中因果关系的方差仅得到了 30%～40% 的解释，而有些甚至只有 25%。较低方差解释的研究中多数没有考虑到 TAM 原模型以外的外部变量。另外，TAM研究中仅包含单一量表也可能存在自我选择目标的偏差。

里格瑞斯等也指出 TAM 及 TAM2 模型只解释了 40% 的系统使用，进一步对 TAM 相关研究的结果显示还有一些显著的影响因素未被包含在模型中，因此在更广泛的应用中应该包含人与社会改变过程的变量，并考虑采取创新的模型。他们认为以往 TAM 研究主要存在三方面的不足：①以学生为研究对象。许多研究都选择了以学生为调查对象，虽然选择学生为对象研究成本较低，但在商业环境中开展研究效果应该会更好。②应用的类型问题。他们发现许多研究检验的介绍使用办公自动化软件或者系统开发应用程序。他们认为对商业流程应用软件引入的研究会更有用。③自我报告使用。和 Lee 等提出的观点相一致，由于许多研究没有测量系统使用，而实际上 TAM 测量的是自我报告的使用情况的方差，显然这是不精确的测量，而且可能带来新的问题。

在 JAIS 的特刊中本巴萨和巴克伊（Benbasat and Barki, 2007）对信息技术采纳研究提出了批评意见，他们认为信息技术采纳研究转移了研究的注意力，造成了知识累积过程的假象，同时拓展 TAM 的独立尝试也导致了一定程度的理论混乱，使人不知该选哪个版本，另外研究模型中对信念构建的前因关注不够，观察范围也受到局限。古德胡也指出 TAM 研究过度（"over worked"）了，同时也存在一前一后两个盲点，即并不是越多地使用信息技术总是越好的，还缺少对什么可使系统有用的观察。斯特布和琼斯（Straub and Jones, 2007）则认为"感知有用性"和"系统使用"的黑箱没有打开共同方法偏差（CMB）也从未被很好地检验，各种扩展模型的形式也过于复杂不够简约。

根据以上围绕技术采纳研究的讨论，以技术接受模型为基础的信息技术采纳的研究主要存在着以下五个方面的局限。

（1）信息系统的应用类型方面存在局限。以往的研究多数聚焦在特定的单一信息系统，并且根据 TAM 的概念模型把信息系统的使用看做是在组织动态中的独立问题，这样导致大量研究的结论缺乏一般性，脱离特定的情景后其结论和建议的适用性就存在问题。

（2）研究调查对象的选择上存在局限。首先以往研究集中在个人层面的研究较多，缺少对组织和行业层面的研究。同时在进行实证数据采集过程中调查对象许多都是选择在校学生、一个公司或组织的工作人员、一个小群体的人（如居住于同一城市的人）。这样虽然成本较低，但会使得实验样本过于单一，缺乏多样性、可比性，不能真实地反映实际情况，也必将导致研究结论缺乏普遍意义。另外在对调查对象进行实际采样时，一般都集中于技术和其所在组织方面的问题，而对人本身的研究比较缺乏。

（3）样本容量与分析方法的局限。由于时间及其成本的限制，技术采纳实证研究中采用的主要方法是多元回归分析、因子分析、结构方程建模及偏最小二乘的分析方法，而许多研究所采用的样本容量相对来说偏小，一些研究样本的典型代表性也存在问题。同时许多研究缺乏对于模型中可能涉及的调节效应的分析和讨论。

（4）自我报告使用情况的局限。如前所述，许多研究没有测量系统的使用，只是进行了行为意向的调查，或者有测量使用的也是以调查对象自我报告的方式，而不是观察实际使用行为，而且 TAM 实际上测量的是用户自我报告的使用的方差。这主要是因为测量实际使用行为相对比较困难，数据难以获取。但自我报告的使用不能简单替代实际使用行为，这种替代可能会给研究结论带来偏差。

（5）共同方法偏差。共同方法偏差是行为研究过程中的潜在问题，指在研究决定因素与结果之间的因果关系时，如果对它们的测量采用的是同样的方法，就可能因为采用共同方法导致对这些因素和结果之间的相关性测量结论出现偏差。共同方法偏差的检测和控制较复杂，但研究者可以在研究设计时提前考虑采取一些减少共同方法偏差的措施。技术采纳研究中数据获取的过程中多数都可能存在一定程度的共同方法偏差，仅有少量研究在测量时事前采取了控制共同方法偏差的措施。

2.6.3 进一步研究的方向

根据对以往技术采纳研究的分析总结指出研究中存在的不足，结合信息技术实施和应用发展过程的实际需要，今后进一步的研究可以从以下三个大的方面展开。

（1）在研究内容上选取不同采纳情景，研究的重点转换到以决策为核心，关注实际使用和目标产出的关系。在采纳情景方面可以针对不同国家、不同地区、不同文化背景下的样本进行跨文化研究，以促进研究模型在不同国家不同文化背景的环境下的通用性，也可从不同技术类型、不同组织环境条件等角度进行比较分析；以决策为核心，重点关注技术采纳的目标和行为，打开感知有用性和系统使用的黑箱，加强对实际使用和目标产出的关系的研究。

（2）理论模型上结合信任、满意度及其他相关理论构建适合纵向研究的多层次模型。虽然在对不同环境中的技术接受行为的研究中，技术接受模型已经包含了不少变量，但还有很多潜在的因素没有被研究，在未来的研究中，可以结合多学科的相关理论对其他潜在的因素进行研究来完善研究模型，加强技术接受模型与其他相关的理论包括信任、满意和质量等因素的整合使研究更接近解决实际问题的需要。在模型构建的形式上重点考虑适于进一步深入分析的纵向、多层次模型。

（3）研究方法的设计和实施上选择更具有代表性的样本，控制共同方法偏差，加强采纳行为的动态研究。①首先在研究样本的选取上尽可能考虑在研究环境中随机选取与所研究密切相关的人员作为研究对象，这样将使样本更具有代表性，而以此为依据开展的研究才能更加真实地反映实际情况；②技术接受模型的应用主要适合于对个人接受行为的研究，而对于组织接受行为的分析需要结合其他相关理论进行研究，这可以作为后续研究的一个重要方向；③为避免获取的数据不真实或存在共同方法偏差，尽可能采用与采纳相关的实际客观数据，需要进行调查时可以通过实验研究的方法设计情景加强对实验操作的控制，通过分阶段组织实施纵向研究测量并控制共同方法偏差的产生；④开展采纳行为动态的研究进一步揭示技术采纳行为特征。考虑基于采纳决策和行为过程的动态研究，跟踪用户使用前后及使用过程中的动态并进行时间序列上的分析以深入了解用户接受的动态变化可以弥补以往研究多数集中在某一时点所存在的不足。

2.7　本 章 小 结

本章主要以技术接受模型的发展和演变为主线回顾了信息技术采纳研究的几个主要阶段，以及每个发展阶段的代表性成果。作为信息系统研究的主要流派，信息技术采纳研究可分为理论引入期（1989 年以前）、模型验证期（1989~1995 年）、模型扩展期（1995~2003 年）和模型精细化时期（2003 年至今）。几个时期具有典型代表意义的理论模型包括 TRA、TPB、TAM、C-TAM-TPB、TAM2、UTAUT、TAM3 和 UTAUT2 等。本章对技术扩展和任务技术匹配视角的相关研究进行了归纳分析，其典型代表理论即 IDT 和 TTF。本章还介绍了技术接受模型在不同技术类型和场景中的几个典型应用。最后在对以往研究的综合讨论的基础上，本章指出了信息技术采纳研究存在的主要局限，并提出了几个未来研究的发展方向。

第3章
移动商务接受研究框架

3.1 移动商务及其接受相关研究

3.1.1 移动商务基本概念及特征

根据伊利奥特和菲利普斯（Elliott and Phillips，2004）的观点，移动商务（mobile commerce 或 mobile business）是指在无线通信网络上进行的任何业务活动，它包括 B2B 和 B2C 商业交易，也包括通过无线移动设备传输信息和服务，是在商务系统领域中应用和整合无线通信技术和无线设备。它是通过各种无线通信和无线网络技术，利用各种移动设备随时随地存储、传输和交流各种信息，进行商业活动的创新业务模式。帕菲奈能（Paavilainen，2002）对 M-Commerce 和 M-Business 进行了区分，指出 M-Business 定义更为广泛，而将 M-Commerce 的活动限制在财务交易方面。一般使用移动商务这个概念时多使用其广义的含义，即如前所指通过无线环境运行的任何 E-Commerce 和 E-Business 活动。

移动商务可以看成是电子商务的一个子集，但移动商务是在新技术基础之上的服务和商业模式，与传统电子商务也有很大的区别。移动终端如移动电话或者 PDA 与桌面计算机相比，受到的约束更大，但在它们的使用过程中也开创出了一些新兴的应用和服务。对用户来说，移动商务是通过连接公共或专用网络，使用移动终端来实现包括娱乐、沟通、交易等在内的各种活动。

移动商务使得消费者可以随时随地利用移动和无线网络开展和接受有关服务。无线网络指通过无线的方式进行通信，而移动网络指用户处在任何位置都可以提供持续的接入。在过去几年里无线和移动网络得到了迅速的发展，全球用户数量估计超过了 10 亿，这些用户主要包括手机用户，以及使用 PDA 和笔记本电脑的消费者。智能手机支持的无线应用协议 WAP 目前已经成为通行的无线通信标准。手机、PDA 或笔记本电脑等移动通信设备，通过无线通信技术进行网上商务活动，使移动通信网和因特网有机结合，突破了互联网的局限，更加直接地进行信息互动，使用户高效、及时地把握市场动态。由于消费者需要更多的移动服务，移动行业还在寻找所谓"杀手级应用"，有的认为是无线互联网，然而问题在于消费者是否真的需要这样替代有线互联网的无线互联网。此外，移动商务还存在着包括可用性、可靠性等许多问题。

按照帕弗洛和列（Pavlou and Lie，2006）的观点，移动商务行为可以分为三种，即获取信息、提供信息和购买行为。目前，我国移动商务主要是在娱乐或者短信群发等的商务层面的活动，个体消费者则通过终端购买一些娱乐信息内容，包括图片、铃声、游戏、新闻消息等。这说明国内基于移动技术进行的购买交易行为的开展还较少，而获取信息和提供信息的已经有了一些实际的应用，因此从开展实证研究的可行性与便利性的角度，本课题将以获取信息和提供信息行为的研究为主，结合特定应用模式，重点研究农村地区消费者移动商务接受的特点和影响因素。

传统电子商务通过有线技术进行数据和信息传递及接入互联网，移动商务通过无线技术和各种便携设备进行数据和信息传输及互联网接入。移动商务因为其使用的技术和实现方式与传统商务和电子商务的不同，在其应用过程中体现出与以往商务模式较大的区别（表 3-1）。文卡特西等也强调指出"E≠M"，即移动商务与电子商务存在差异。

表 3-1　移动商务和电子商务的比较

因素	电子商务	移动商务
产品或服务中心	产品中心	服务中心
产品或服务供应	有线全球接入	无线全球接入
产品或服务资源	静态信息或数据	动态基于位置的数据
产品或服务吸引力	固定无时间限制的接入	移动性和便携性接入
个人设备	个人电脑：普及中等	移动电话：高普及
网络运营者决定服务	无	可以
使用和应用收费	无标准收费方式	用户为移动性而支付额外费用
用户位置	难以寻找	网络运营者知道你在何处，能指引你到特别入口并可以收取费用
回复收费	无	可以
显示屏大小和内存	中	小
旗帜广告和电子邮件的点击率（i-mode 为例）	个人电脑少于 0.5%	3.6%；24%

特伯恩（Turban et al.，2006）等指出移动商务突出的优点体现在其在地域上无所不在的特性，便于携带使用的便利性，随时进行实时互动的互动性、个性化、定位性。移动商务的无所不在（ubiquity）是指由移动通信网络覆盖的广泛性决定的移动商务覆盖面广的特点，目前通信网络几乎达到了全球每一个角落，它使得人们在任何地方都可以使用相关服务内容；移动商务的便利性（convenience）是指移动终端设备一般比较小巧，便于携带，操作简单，容易学习和掌握，这些特点使得移动商务具有较强的便利性，也使得其用户范围得到了扩大；移动商务的互动性（interactivity）是指通过移动终端可以方便快捷地实现人与人或者人机实时交互的功能，其参与性和互动性吸引了大量用户；个性化（personalization）指通过用户注册的基本信息及无线和移动通信网络提供的身份识别技术，可以轻松实现个性化服务的供给；移动商务的定位（localization）使无线和移动网络可以实现准确地定位功能，在此基础上可以开发出大量相关的应用服务，如前述导航、追踪等。巴拉苏（Balasubramanian et al.，2002）从时间和空间两个维度分析了没有移动技术和有移动技术条件下的各种活动的特征，发现因为移动技术的支持，人们的活动在时间和空间的二维特征分布将由"L"模式转向"□"模式，即有了移动技术，人们的活动受到时间和空间的约束更小了，处事方式变得更加灵活。

徐和古铁雷斯（Xu and Gutierrez，2006）分析指出移动商务的四大关键成功因素为：便利性、无所不在、易用性和信任（图3-1）。

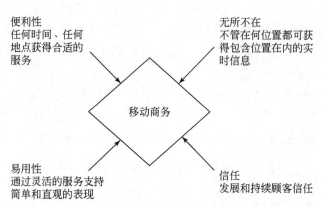

图 3-1　移动商务的四大关键成功因素

移动商务作为电子商务在无线和移动网络上的新发展，它在具备电子商务基本特征的同时也具有上述一些不同的特点，同时移动商务除了具有相关的优点外，由于目前移动技术存在的一些制约因素及移动商务还处在兴起和进一步发展的早期阶段，与传统商务及电子商务相比也存在一些不足。这些不足包括：显示屏幕较小的不足，移动商务主要借助于手机或者 PDA 等终端设备开展业务，而这些设备比较明显的不足就是显示屏幕过小造成的浏览查看的不便和显示质量不佳；网络速度的限制，移动网络特别是移动通信网络的连接速度目前还无法和有线网络相比，即使在 3G 完全实现以后，连接速度也仍然不能很好地满足多媒体等内容的传递和播放的需要；安全性问题，移动终端设备小巧灵活容易携带，但是同时也带来一个显著的问题就是容易丢失和被盗；使用成本较高，目前使用移动网络的数据服务的费用远比有线网络的费用高；电池持续时间有限，移动终端的电池连续使用时间有限，特别是在进行游戏和播放多媒体内容等持续时间就更短了；成本收益不显著，目前许多企业对于移动商务能否带来较好的收益还没有非常明确的理解和认识，或者大量企业都集中到个别应用上去竞争，缺乏对能带来较高回报和具备较大客户群体的"杀手级"应用的开发。

移动商务的应用模式可以根据参与者之间的交易关系分为类似于电子商务中 B2B、B2C 和 B2E 等类型，也可以根据主要参与者提供的服务内容划分为信息服务模式、移动营销模式、移动数据服务模式、移动工作者支持模式等。

3.1.2 移动商务接受问题研究概况

通过检索 EBSCO、ELSEVIER、ABI/INFORMS、IEEE、ACM、CNKI 等数据库，并结合 Google 及 Google Scholar 的搜索结果，检索到与本研究论题（移动商务/服务和接受/接纳）直接相关的研究文献（会议论文、学术期刊论文、学位论文及工作论文等）162 篇，其中会议论文 54 篇，学术期刊论文 74 篇（截至 2007 年年初）。

文献时间跨度在 2000～2006 年，没有检索到 2000 年以前的文献，而且大量文献集中于 2003 年以后，可见移动商务最近几年才得到较大发展，而其接受问题的研究也是最近几年才开始（文献时间分布见表 3-2）。

表 3-2　相关文献年度分布表

论文	2000 年	2001 年	2002 年	2003 年	2004 年	2005 年	2006 年
期刊论文	0	1	3	10	14	31	15
会议论文	1	2	9	11	16	17	8
合计	1	3	12	21	30	48	23

相关研究内容包括针对不同移动服务和技术的接受，也有些从不同的研究范围角度开展的研究（表 3-3）。从研究方法上看，采用定量或实证研究的论

文占多数。从研究的理论基础来看，移动商务作为电子商务基于移动通信网络技术的一种新兴应用，其接受问题的研究符合技术接受模型研究的基本条件，因此目前主流的研究主要被广泛采用的技术接受模型及其扩充模型（TAM2、UTAUT 等）。从表 3-4 中可以看出 TAM 及其扩展模型仍然是移动商务接受研究的主流，占绝大部分。此外，理性行为理论、整合的 TAM 模型、任务/技术匹配模型和创新扩散理论也有一定的应用。还有人提出了一些比较特别的新模型。

表 3-3　相关论文研究的主题（相同或相近主题多于 3 篇）

研究视角	研究主题	论文数
技术/服务应用类型	移动商务/服务	36
	移动/无线互联网/WAP	21
	移动电话/设备	15
	移动支付/银行/金融/保险	15
	移动营销/广告	12
	多媒体服务	4
	移动停车服务	3
研究范围	跨文化	4
	跨服务	3
	综述	4

表 3-4　移动商务研究的理论基础

理论基础	论文数
TRA	3
TAM、TAM2	35
UTAUT	4
TPB	11
TTF	5
IDT	5
GAT	2
COMPASS	1

注：本表为初步分类，有些研究综合了几种理论基础

移动商务接受问题的研究中，许多影响因素的确定都基于前述有关理论的指导，同时考虑到移动商务应用的具体特点及研究主题的差异加以修改和补充。现有相关研究文献中采用的主要影响因素除 TAM 及其扩展模型中感知的

有用性和感知的易用性之外，还有很多，而且不同的研究者、运用不同的理论基础选用的主要影响因素的差异也比较大。其中考虑到移动商务的特殊性的因素有娱乐和趣味性、成本费用、兼容性、安全、隐私、移动性、灵活性、便利性、连接和交易速度、适时性、服务和网络提供者、紧急情况的处理、普适性、个性化、网络类型、网络效果、网络外部性、商品特性、移动技术准备、互动性和设备特点等因素（表3-5）。

表3-5 移动商务接受相关研究的主要影响因素

影响因素	简要解释
self-efficacy	自我效能（胜任感）即成功执行制定行为的信心
enjoyment/fun/ playfulness	娱乐、趣味性
cost/fee	成本、费用
system or service quality/performance	系统（服务）质量或绩效
social influence /pressure	根据 Taylor 和 Todd 的研究社会影响和主观规范等价，定义为其他人的观点、上级的影响、同级的影响。Venkatesh 和 Davis 后来扩展社会影响包括主观规范和映像
subjective norm	主观规范：显著指示期望个人做或者不做某一行为的感觉
peer influence	同级的影响（同事、同学等）
external influence	外部影响：大众媒体报道、专家观点和其他非个人信息
image	感知到创新的使用可以增强个人形象或者社会系统中的地位的程度
perceived trust	感知的信任
system/ technology complexity	系统（技术）复杂性—项创新被感觉难于理解学习或操作的程度
compatibility	创新适合于潜在用户已有的价值、以往经验和当前需要的程度
security	交易信息和过程的安全性
personal innovativeness	个人试验任何新技术的意愿
facilitating conditions	可能约束使用的诸如时间、金钱需要的资源因素和关于兼容问题的技术因素
privacy	存在购买行为和浏览行为信息被分析和滥用的关心
perceived value	感知使用带来的价值
mobility	移动性
elexibility	灵活性
behavioral control	个人感觉进行特定行为的简单或者困难
satisfaction	满意
experience	以往的经验和体验

影响因素	简要解释
perceived risk	感知的风险
task type /characteristics	任务类型和特点
connection/transaction speed	连接速度，交易速度
screen limitation/quality	屏幕限制/质量
performance expectancy	对绩效的期望
locatability	用户能简单地查找需要的数据
impact of use situations	使用情境的影响
timely，timeliness	及时、适时地接收到相关信息
service providers	服务提供者
relative advantage	相对优势
price	价格
perceived expressiveness	感知的表现
perceived credibility	感知的可信性
reliability	可信度
knowledge	知识
individual differences	个人差异
frequency	频率
regulatory	监管
perceived financial resources	感知金融资源
emergency handling	紧急情况的处理
effort expectancy	付出努力的期望
efficiency	效率
convenience	便利性
navigation	导航

注：以上统计没有将有用性、易用性、态度、使用意向等技术接受研究中普遍采用的因素纳入在内

上述影响因素从其所在的层次上来看可以分为用户个人层面因素、组织层面因素、技术层面因素、任务层面因素和环境层面因素五大类（表3-6）。从表中可以看出对于个人因素、技术因素、任务因素等方面的考虑比较多，也比较细，而对于组织和环境因素相对考虑得较少，一个可能的解释是由于基于个人用户的研究开展比较容易，也易于获取数据，而针对组织的研究开展起来难度较大。

如前所述，帕弗洛和列（Pavlou and Lie，2006）提出移动商务行为可以分为三种，即获取信息、提供信息和购买，他们还对被引用频率较高的因素进行了归纳，包括技术接受变量（感知的有用性和感知的易用性）、移动设备特性（下载延迟、屏幕质量和设备导航性）、信息特性（信息含量和信息保护）、产品特性（产品价值和个性化）和消费者特性（货币资金和消费者技能）。本研究将相关因素从个人、组织、技术、任务和环境等方面进行分类，见表3-6。

表 3-6　主要影响因素分类表

类型	因素
个人因素	自我效能；形象；感知的信任；个人创新性；行为控制；满意；经验；感知的风险；绩效预期；知识；个人差异；感知的金融资源；自我表现
组织因素	服务提供商；管制；专门性；授权
技术因素	系统或服务质量/绩效；系统/技术复杂性；安全；便利条件；隐私；移动性；灵活性；连接速度；屏幕限制；定位性；相对优势；便利性；导航；无所不在；屏幕质量；遥控；互动性；设备特点
任务因素	成本；乐趣；感知的价值；任务类型/特点；交易的速度；时间；及时性；时效性；价格；感知的可靠性；感知的表现；可信性；频率；紧急情况处理；付出努力的期望
环境因素	社会影响；主观规范；同级影响；外部影响；使用环境的影响；调解服务；网络外部性

上述各种因素的提出和归纳有助于开展进一步移动商务接受问题研究时确定基本研究框架，但是在确定主要影响因素及相互之间的关系时需要注意，对于移动商务接受和使用过程中的消费者行为进行更加深入细致的研究，力求发现更加本质的影响因素。

如前所述，目前有关移动商务接受问题的研究相当部分都进行了量化研究或实证研究，这些研究都在相关理论分析的基础上设计了问卷和量表，并展开数据调查工作，其选择的研究主题和采用的理论框架不同，调查方法和对象的选择也就存在许多不同，对于调查数据的处理也有较大区别。调查方式主要采用在线调查、e-mail、当面问卷调查、邮寄问卷调查和电话调查等，也有借助于有关专门机构，如移动通信或服务提供商、调查公司和人口注册中心的开展方式。在线调查可以比较经济地面向更多的调查对象，但是反馈率和有效率较低是一个比较明显的问题，同时这样的调查的代表性也有可能存在一些问题。当面调查或者访谈的形式更可能揭示一些更深层的问题，反馈也可能更加准确。

调查对象的选取主要是普通消费者、企业员工、移动用户、专业人士及在校学生。在校学生是比较容易选择和易于调查的对象，作为调查对象虽然受到诸如里格瑞斯（Legris et al.，2003）的一些批评，但仍然有相当数量的移动商务接受问题研究选择学生作为调查对象，青年学生往往乐于尝试和接受新技术，这同时也说明学生群体作为移动商务的接受者还是具有一定的代表性。对于普通消费者、企业员工等的调查开展起来难度往往会大一些，反馈率和有效率也会不太高，但是这样的调查的代表性和客观性也许会更高一些。

目前已有的研究中采用调查时的样本容量、使用的数据分析方法和工具情况归纳见表 3-7 和表 3-8。由表 3-7 可见，目前研究取得的有效样本容量多数为 200～300 这个区间类，这样的数量可以满足分析时涉及的自由度问题，同时也比较经济，太大的样本容量一般不容易获取，分析整理的难度也加大。也有一例研究选择进行了大样本研究，总计有效样本量达到了 13 170。

表 3-7　调查有效样本容量分布

项目	样本容量						
	<100	100～200	200～300	300～400	400～500	800～900	>1000
论文数	2	8	19	4	5	2	7

表 3-8　主要数据分析方法

分析方法	线性回归	结构方程	因子分析	方差分析	其他
论文数	10	23	5	2	13

注：其他方法中主要为非参数显著性检验、卡方检验、T 检验等

从数据分析方法角度看，目前采用比较多的是结构方程模型方法，其次是线性回归方法、因子分析等方法。结构方程模型方法作为一种比较通用的方法，被广泛应用于社会学、心理学、行为科学等方面的研究工作，而线性回归、因子分析和通径分析等方法都可以看成是结构方程模型中的特例，因此结构方程模型实际上是包含了上述几种方法在内的一种综合性方法，相比较而言它具备比较明显的优势，可以作为进行有关实证研究的主要参考方法。

关于移动商务应用和接受问题的理论和经验研究已经取得了一些明显的进展，但是许多研究工作还不够深入，如关于移动商务接受问题的理论基础、移动商务接受问题的研究框架、一些新兴移动商务应用模式的接受问题、不同移动商务应用模式的接受特点的比较、移动商务的实证研究、地域和文化差异等因素对不同移动商务应用模式接受的比较，以及移动商务接受过程及用户在不同过程中的行为特点的研究等。现有的研究从不同的应用类型，分析了影响组织和个人接受移动商务的各种因素，对于移动商务的研究和实践具有较强的现实意义，而当前已有的研究在研究主题、研究范围、理论基础和研究方法等方

面还存在进一步深入的空间。

在研究主题上，对于整体移动商务接受问题的研究和各种不同应用模式、不同行业应用的接受问题的具体研究也需要进一步深入，明晰移动商务接受的共性特点和不同应用模式的具体特色；另外基于不同的技术基础、不同的设备类型的移动商务接受问题也有待进一步研究；研究地域范围上目前主要集中在移动技术应用比较发达的国家和地区，如芬兰、美国、日本、韩国、中国台湾、中国香港等，而在经济水平和移动技术发展相对滞后一些的国家和地区，如我国内地相关研究的开展还比较少，但是目前我国移动通信的发展速度非常迅速，移动商务也在逐渐深入人们的经济和社会生活，目前短信服务的应用已经相当普遍了，深入开展相关接受问题的研究对于整个移动商务行业的发展具有非常积极的现实意义，而由于我国具有的独特的城乡二元经济模式对于移动商务在广大农村的应用的研究将具有更强的实践意义，这也是本书研究的重点。

在研究方法方面，有学者尝试运用经验数据将基于不同理论基础的不同接受模型进行横向比较，分析了不同模型的效率问题，得到了富有借鉴意义的结论。但是，对于不同的理论模型的应用、不同的研究方法、不同的分析工具的适用性和效率比较的研究还可以进一步深入展开，为后续研究的在理论模型、研究方法和工具的选择上提供决策参考。同时，也可以考虑从方法论的角度对现有方法进行比较研究和进一步论证。另外，现有研究中在对于有关分析方法运用的规范性上也存在有待商榷的地方，实证数据的获取方式及量表的效度和信度的问题也值得进行深入探讨。

3.2　移动商务用户接受研究的理论模型与应用分类

3.2.1　移动商务接受研究模型分类概况

前面已经指出移动商务的用户接受与信息技术接受的基本特点相一致，文献归纳的结果也表明移动商务接受研究的主要理论基础来自于信息技术接受相关研究理论模型。信息技术接受研究的主要理论模型有理性行为理论（theory of reasoned action，TRA）、计划行为理论（theory of planned behavior，TPB）、创新扩散理论（innovation diffusion theory，IDT）、技术接受模型（technology acceptance model，TAM）及其扩展模型（TAM2，UTAUT 等）、任务技术匹配理论（task-technology fit，TTF）等相关理论模型。

与接受其他信息技术相比，用户接受移动商务涉及面广，影响因素多。用户接受移动商务不仅可能涉及用户自身的因素，如用户年龄、性别、受教育程度、收入、生活方式、个性等影响，还可能受到各种社会和文化因素、移动商家的因素，如公司大小、声誉、知名度、网站设计、交易的安全性等的影响。其他环境条件因素也会影响用户接受移动商务，如无线网络的稳定性、成熟性、技术的可行性、用户的成本，网上交易的安全性，隐私的政策和法律等。

目前，移动商务接受问题的研究主要基于信息系统特别是电子商务接受研究中的理论框架，再结合移动商务的特征加入或修改部分影响因素而开展研究。部分学者还专门从移动商务采纳问题的理论框架上进行了探讨。

在移动商务接受研究的应用模型中，采用的主要理论基础绝大多数仍来自于上述各种信息技术用户接受研究的基础理论模型。上述各种理论模型的研究框架在其应用的环境或层次、模型的核心结构变量，以及在移动商务领域的典型应用方面也都存在一定的差异，对其相关特点的比较归纳及在移动商务接受研究中的典型应用见表3-9。

表3-9 信息技术接受的理论模型分类与比较

理论模型	采纳情境或层次	核心变量	理论模型提出	移动商务接受研究中的典型应用
IDT	个人、组织；宏观、微观	相对优势、兼容性、复杂性、创新者特性等	Rogers（1962）	多媒体信息服务（Hsu et al.，2006）
TRA	个人，微观	行为意图、态度、主观规范	Fishbein 和 Ajzen（1975）	移动广告（Tsang et al.，2004）移动营销（Bauer et al.，2005）
TPB	个人，微观	包含 TRA 变量及感知的行为控制	Ajzen（1985）	移动商务[104]
TAM	个人、组织、微观	行为意图、感知的有用性、感知的易用性	Davis（1986）	移动商务（Yang，2005）移动互联网（Hong et al.，2006）移动门户（Serenko and Bontis，2004）
DTPB	个人、微观	TAM 等和 TPB 结合	Talor 和 Todd（1995）	WAP（Teo and Pok，2003；Hung and Chang，2005）
TAM2	个人、组织、微观	在 TAM 基础上引入社会和组织因素诸如主观规范、印象、产出质量、工作相关性等	Venkatesh 和 Davis（2000）	移动商务（Wu and Wang，2005）

理论模型	采纳情境或层次	核心变量	理论模型提出	移动商务接受研究中的典型应用
UTAUT	个人、组织、微观	绩效预期、努力预期、社会影响、便利条件	Venkatesh 等 (2003)	无线局域网（Anderson and Schwager, 2004） 移动营销（He and Lu, 2007）
TTF	组织、个人、微观	任务技术匹配、任务需求、工具功能性、使用经验	Goodhue 和 Thompson (1995)	保险行业移动商务（Lee et al., 2007）
GAT	群体，宏观	感知相对价值、可用性-兼容性驱动、社会文化驱动、技术采纳催化	Fife 和 Pereira (2005)	移动数据服务（Fife and Pereira, 2005）
CAM	个人，微观	感知有用性、感知易用性、感知移动性、感知的成本	Amberg 等 (2004)	移动电视（Amberg et al., 2004）

从前面对于各种理论模型的介绍和表 3-9 中的比较可以看出，这些理论模型虽然在构成要素、应用层次等方面存在一定的区别，许多模型之间具有很大的相似性，相互之间的联系也非常紧密，有的模型就是以往多个模型的综合应用，在移动商务接受研究领域这一特点仍然非常明显。此外，有的研究采用了单一的基础理论模型，有的将几种基础理论模型引入并进行了整合，有的专门从各种基础理论模型的比较上展开以研究不同模型在移动商务接受中的有效性问题，还有的学者专门提出了新的针对移动商务的接受模型（表 3-10）。

表 3-10　移动商务接受研究模型应用分类

模型应用类型	模型	典型文献
单一	TAM	Lu 等，2003；Serenko 和 Bontis，2004；Fang 等，2005；Luarn 和 Lin，2005；Meso 等，2005；Hong 和 Tam，2006；鲁耀斌 等，2007
	IDT	Malhotra 和 Segars，2005；Hsu 等，2006
	DTPB	Teo 和 Pok，2003；Hung 和 Chang，2005；Pedersen，2005
	TTF	Gebauer 和 Shaw，2004；Chu 和 Huang，2005；Lee 等，2007；鲁耀斌等，2007
	TRA	Tsang 等，2004；Bauer 等，2005
	UTAUT	Anderson 和 Schwager，2004

模型应用类型	模型	典型文献
模型综合	DTPB-IDT	Hung 等，2003
	IDT-TAM2	Wu 和 Wang，2005
	TRA-TPB-TAM	Fan 等，2005
模型比较	TAM、TPB 和 分解的 TPB	Hung 和 Chang，2005
	TAM 和 MUG	Venkatesh 和 Ramesh，2006
模型创新	CAM	Fife 和 Pereira，2005；Fife 等，2006
	GAT	Amberg 等，2004
	VAM	Kim 等，2007

3.2.2 移动商务采纳研究中的单一模型应用

1. TAM 模型在移动商务采纳中的应用

在移动商务采纳的研究中，TAM 这一类理论模型仍然作为主流被广泛接受，许多发表的论文都是基于这一类理论模型开展的研究。但是这一类模型突出强调的主要是个人层面的认知因素，而对于组织层面和任务类型等方面因素的考虑不够。

Lu 和 Yu 等在综述了以往技术接受问题研究的基础上，分析了无线互联网的接收特点，提出了无线互联网的技术接受模型。该模型将感知有用性分为短期和长期两部分（图 3-2）。

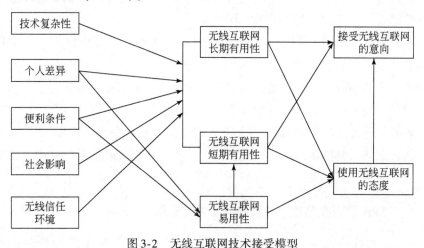

图 3-2 无线互联网技术接受模型

瑟恩科和伯恩提斯（Serenko and Bontis，2004）建立的基于 TAM 的移动门户接受模型将移动门户的特性作为影响感知有用性的主要因素，同时也考虑了感知信任的影响（图3-3）。

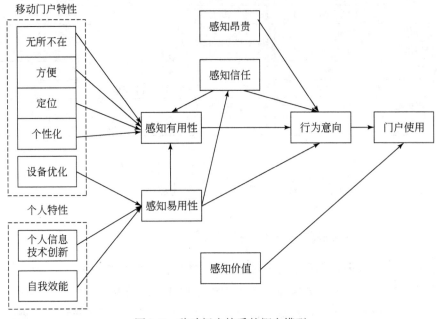

图 3-3　移动门户接受的概念模型

克雷金（Kleijnen et al.，2004）提出无线金融的消费者接受模型，将用户特征及环境因素作为调节变量，其中也包括了对移动技术的掌握情况等因素。此外，将感知的成本和感知的系统质量作为影响态度的重要因素，也充分考虑到了移动商务在这方面的特殊性（图3-4）。

邓朝华等（2007）利用技术接受模型和网络外部性理论研究了移动环境下影响消费者移动服务使用行为的因素，提出了基于 TAM 和网络外部性的移动服务用户使用行为模型，通过实证研究的检验表明移动商务环境下技术接受模型仍然有效，而网络外部性和沟通的有效性对用户使用行为也有直接影响。

陈天娇等（2007）在技术接受模型的基础上结合情景感知服务的特性提出了情景感知服务的用户接受模型，并通过实证研究表明情景感知服务的特性基本具有显著的支持度。

2. DTPB 模型在移动商务接受研究中的应用

Hung 和 Ku（2003）针对 WAP 服务的研究建立了基于理性行为理论的

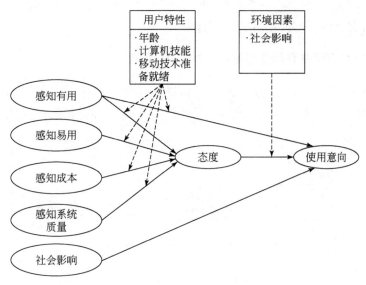

图 3-4　无线金融的消费者接受模型

WAP 服务接受模型，将连接速度、服务成本作为直接影响态度的重要因素（图 3-5）。

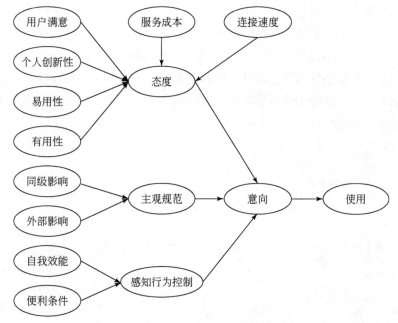

图 3-5　WAP 服务接受模型

与此相似，彼得生 2005 年将一个分解的计划行为理论的修改版本应用于移动商务服务的早期采纳者的采纳行为。

3. TTF 模型在移动商务采纳中的应用

李和程（Lee and Cheng，2007）2007 年在研究 PDA 移动技术的接受问题时结合 PDA 的任务和技术特点建立了改进的任务/技术匹配模型（图 3-6）。

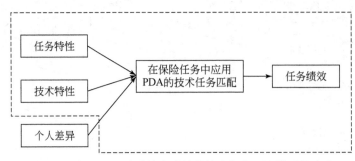

图 3-6　关于 PDA 移动技术采纳的技术任务匹配模型的改进

李和程 2007 年研究发现 PDA 移动商务系统真正适合于保险行业，并且揭示了位置体验、认知模式和计算机自我效能是能够预测 PDA 技术对于保险任务适用性的主要因素。

Chu 和 Huang（2005）在理论探讨的基础上建立了基于任务/技术匹配的移动商务应用采纳模型（图 3-7），他们探讨了移动商务的结构、复杂性、频率、紧急性和移动性等任务特征，并将技术特征分为基于基础设施的特征和基于应用的特征，这样的分析非常符合移动商务的特点，为后续研究提供了一个可供借鉴的研究框架。

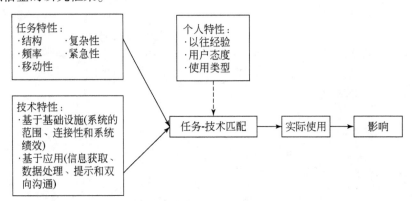

图 3-7　基于任务/技术匹配的移动商务应用采纳模型

鲁耀斌等（2007）以任务技术匹配模型为理论基础，使用案例研究的方法，分析了三个不同性质组织的任务和技术的特点，指出任务与技术的匹配程度对移动商务在不同组织的应用状况具有重要影响。

4. UTAUT 模型在移动商务采纳研究中的应用

Anderson 和 Schwager（2004）利用 UTAUT 模型研究了中小企业对无线局域网的采纳行为（图 3-8）。闵庆飞等（2006）提出了我国移动商务的接受模型，该模型基于 UTAUT 模型进行了改进和扩展，在原模型的基础上加入了信任和隐私保护、信息满意、系统满意及中国文化特点等因素。何德华和鲁耀斌（2007）在对基于短信的移动广告的消费者接受研究中在 UTAUT 模型的基础上构建了包含个人创新性和任务技术匹配度在内的移动广告消费者接受模型。

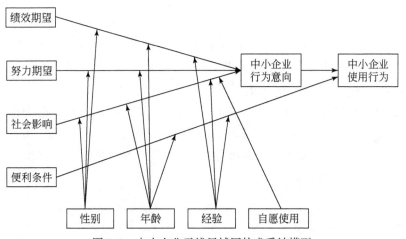

图 3-8　中小企业无线局域网技术采纳模型

3.2.3　移动商务采纳研究中的综合模型应用

当前技术接受研究的一个重要趋势是理论和模型的综合，在移动商务接受研究中，这一特点也十分明显。从前面的介绍和分析可知，首先上述所谓移动商务接受单一应用模型中，DTPB 和 UTAUT 实质上就是整合了几种其他理论模型的综合模型，除此之外，还有 TPB 和 IDT 结合的接受模型、TAM 和 IDT 结合的模型，以及 TRA-TPB-TAM 的综合模型。

Hung 等（2003）基于 TPB 和 IDT 验证了 WAP 服务采纳行为中变量间的

因果关系，确定了 WAP 服务采纳的关键因素是连接速度、服务成本、用户满意、个人创新性、易用性、个人影响和便利条件。

Wu 和 Wang（2005）的研究提出了一个整合了创新扩散理论的扩展的技术接受模型，感知的风险和成本等被加入 TAM 中以观察是什么决定了用户接受移动商务，他们发现兼容性、感知的有用性、感知的成本、感知的风险显著影响用户行为意图。这一理论在认知的基础上引入了一些技术特征方面的因素，同时对于创新采纳的过程也进行了一定的描述，而从创新扩散的过程角度来说，它更适合于对组织、群体、区域等比较宏观层面的研究，而不太适合于对于个人消费者微观上的感知和行为特征方面因素的研究。

3.2.4 移动商务采纳中对不同模型的比较研究

Hung 和 Chang（2005）对三个不同模型进行了移动商务接受的比较研究，他们比较研究了用 TAM、TPB 和分解的 TPB 三种模型分析解释 WAP 服务接受问题的效力。他们研究发现 TPB 和分解的 TPB 在解释用户接受 WAP 服务的能力上优于 TAM；当分解的 TPB 提供更加容易理解和管理的相关因素时，TPB 模型更加简约并且和分解的 TPB 模型的解释能力非常相近。

文卡特西（Venkatesh et al.，2006）在研究 Web 和无线网站的可用性时比较了 MUG（基于 Microsoft Usability Guidelines 的概念化测量工具，包括内容、易用性、推广、为大众制作和情绪等内容）和 TAM，通过实证发现 MUG 比 TAM 具有更好的解释力。

3.2.5 模型创新

在移动商务采纳研究中，有的学者在理论分析的基础上提出了不同于以往信息技术采纳研究时所使用的理论模型的创新模型并进行了实证验证，其中包括上一节分析过的安伯格等（Amberg et al.，2004）提出的 CAM 模型，还有金（Kim et al.，2007）提出的基于价值的接受模型 VAM 和费弗和皮尔拉（Fife and Pereira，2005）提出的全球接受模型 GAT 等。

上一节中分析过的 CAM 模型是安伯格（Amberg et al.，2004）在对 TAM、TTF 等模型进行对于移动商务接受研究的适用性分析的基础上提出的新模型，其构成简洁，判断标准明确，分析方法也比较新颖，但还需要进一步从理论和实证中进行检验。

基于价值的技术接受模型 VAM 是金（Kim et al.，2007）从价值视角对移动互联网的采纳研究时提出的（图3-9）。他们认为以往TAM研究中许多采纳者都是组织环境中的雇员，其技术使用是为了工作，采纳和使用的成本由组织承担，而与之相反的是移动互联网用户有技术用户和服务消费者双重身份，他们中的多数人的采纳和使用是为了个人，其主动采纳和使用的成本由个人承担。因此移动互联网的采纳者既是简单的技术用户，更是消费者。他们运用经济学中消费者选择和决策理论及市场营销理论提出了基于价值的采纳模型，从价值最大化角度解释顾客对移动互联网的采纳。进一步的研究发现，顾客感知移动互联网的价值是采纳意向的主要决定因素，而其他因素的作用通过以感知价值为中介而得到发挥。这一模型的提出解决了有些学者对于TAM没有考虑到技术采纳成本的批判，以顾客感知价值为中心从经济学角度解释新信息技术的使用具有较强的理论意义，为后续移动商务采纳研究提供了一种新的研究框架。

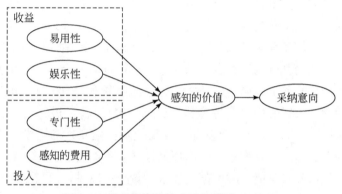

图3-9 基于价值的技术采纳模型（VAM）

费弗和皮尔拉（Fife and Pereira，2005）分析了TAM和IDT应用于跨国市场上技术接受研究时存在的问题，提出了全球技术接受模型（global adoption of technology，GAT）。GAT比IDT和TAM等其他模型更深入地结合和权衡了社会和组织的文化规范。他们认为被广泛应用的创新扩散理论和技术接受模型在考虑涉及文化问题及移动技术和服务的复杂性时受到很大的限制。GAT的研究框架寻求解释其他模型不易处理的技术采纳或不采纳的环境问题。根据GAT框架，包括感知的相对价值、可用性–兼容性驱动、文化的社会化驱动和技术采纳催化剂等因素对移动服务在市场上扩散产生影响，导致各个市场用户的感知和行为，以及对移动服务采纳的不同水平。该模型强调对国际市场上不同的采纳水平进行分析和解释，可以为进行跨文化研究时提供借鉴。

在关于移动商务接受的理论模型的探讨中，已经有学者明确提出目前主流理论模型在运用到移动商务接受问题的研究时存在的不足，同时也有人提出了诸如上述创新的模型。安克尔（Ancker et al.，2003）对在移动商务中运用TAM也提出了质疑，他们认为移动商务接受和以往的技术接受不同：第一，消费者选择接受移动商务不仅仅是一个技术本身，而更是一种新的商务工具；第二，移动商务总的来说，既包含交易维度，也包含非交易的维度，这意味着消费者的对移动商务交易的意向应该当做多维度的行为意向；第三，TAM通常应用在如果每一种情形都是单目标的情况，建立在对潜在用户来说仅仅只有一个特定技术可用的消费暗示之上，而消费者经常面临多种选择而不是单一选择；第四，TAM在判断接受和利用新信息系统的社会影响中并不完善，这种限制在移动商务检验时也同样存在；第五，TAM假定使用是凭意志的，也就是说只要个人选择使用信息系统没有障碍阻止他，而实际上有学者提出在接受移动商务时感知的风险也是一个重要的前提。

在对于移动商务及其采纳行为特点深入研究的基础上，现有理论模型对于移动商务的适用性问题的确还值得进一步探讨，可以通过分析比较移动商务和电子商务、其他信息系统的采纳特点，识别移动商务采纳行为的本质特征，运用更为适用的理论基础构建符合移动商务采纳特点的理论模型，或者通过对现有模型的比较分析并加以修正，使之符合移动商务采纳的特点。相对比较可行的办法是后者，可以运用一些综合模型，如UTAUT模型进行初步分析或者加以修正后应用，因为UTAUT模型综合性比较强，把几种理论模型都考虑进来了，但是一个突出的问题就是这样的模型往往会不够简洁，比较复杂，涉及的因素较多，操作起来可能有些不便，在这一点上可以进行适当化简后再加以运用。另外可以考虑换一个视角，运用一些与以往有所不同的而在对于人们或组织的行为研究方面已经经过一定验证的理论来构建分析模型框架，这样可能会得到更好的效果。

如前所述，当前研究已经涉及一些应用领域，如跨文化研究、移动技术和设备的选择、移动营销和广告、移动金融和支付、定位服务等方面，关于移动商务研究的主题选择还可以进一步深入。从移动商务的应用形式和内容来看，由于目前我国基于短信的应用是最为普遍的应用，可以对基于短信的移动信息服务、基于短信的移动营销和广告开展接受问题的研究，对于移动支付、移动游戏、移动多媒体服务、移动IM、对移动商务中技术和设备、不同技术和设备类型等的接受问题也可以开展研究。从商业模式和应用模式的角度也可以进行系统的研究，包括对于某种模式的接受问题、各种不同模式的比较研究等。此外，还可以进行接受问题的对比研究，如与电子商务接受的对比研究、与国外用户接受的对比研究等。

除对基本特点、理论模型和研究主题进行深入探讨之外，从研究方法的角度进行探讨有助于研究取得比较有效的成果。首先，究竟何种数据获取方法比较客观和富有代表性，目前没有一个比较统一的认识，针对移动商务的特点，哪种方法的效率较高能够满足研究的需要，这需要仔细甄别。其次，数据处理和分析的方法对于研究的结论及其精度也可能带来较大影响，在各种方法共存的情况下，可以考虑同时运用现有各种方法对实证或模拟数据进行分析，并加以横向比较，对分析接受问题的数据处理方法进行效率的比较，为后续研究提供方法选择上的参考。

3.3　我国农村移动商务接受研究框架

移动商务应用接受研究的理论模型的运用需要适应接受行为的基本特点，因此需要对移动商务及其接受行为的基本特点进行深入分析，如前面提到的和电子商务、信息系统的比较分析等，同时由于经济、文化等方面的原因，我国用户的接受问题的特征与发达国家和地区的情况也会存在比较大的差异，比如我国存在移动用户数量大，用户范围广、相当比例的用户（如农村用户）文化素质不高、经济实力不强、我国移动通信市场被极少数大企业垄断的局面、我国的信用体制尚不健全等方面的特点。在当前移动市场发展过程中这些特点带来的影响有的已经非常明显地显现出来，如基于短消息的一些服务应用目前已经在我国比较普遍，信息产业部的统计数据显示，2007 年短信息发送量已经达到 5921.0 亿条，可以说短信是目前实现移动商务的主流技术。欧美在信息服务、商业应用方面比较普遍，而日韩的情况则是娱乐方面的应用更多一些。艾瑞咨询的数据显示，我国用户对移动商务应用服务类别的选择中，信息类（新闻、生活服务、财经信息等服务）为用户接受程度最高的服务内容，提及率 61.6%；其次为个人信息管理类（电子邮件、日程安排、电话簿等个人服务）和娱乐类（游戏、铃声、图像下载等业务），提及率为分别 55.7% 和 51.7%。

3.3.1　农村信息化的问题和农村移动商务的可行性分析

相关研究指出，我国农村信息化发展还存在很大的问题，而可能导致这种情况的一个主要原因是我国农村信息化发展的模式没有能够很好地与农村用户的需求和基本特征相适应，缺乏从用户接受的视角认真分析农村信息化发展的路径。探讨农村信息化存在问题的原因需要从农村信息化发展的实际情况，特别是信息化投入与农村经济发展之间的联系，因此本研究根据农业生产函数理论，将信息化投入作为农业生产的一个投入要素加入生产函数中进行实证研究，以进一步分析农村信息化存在的问题及原因。

本研究还将在对于农村信息化存在的问题及原因分析的基础上，根据移动服务的技术特点和应用优势，从符合用户特点的角度进一步分析探讨移动服务在农村应用，以及通过移动服务解决农村信息化问题的可行性。由于移动技术的突出优势，将其作为农村信息化的重要手段，积极推进面向农村的移动服务内容可能是解决当前农村信息化发展问题的重要途径。

3.3.2　农村移动商务任务技术匹配分析模型

根据 TTF 理论的相关研究，任务和技术及用户特点的匹配情况是影响信息技术应用的一个重要因素。农村移动商务应用的任务技术的匹配情况需要进一步从任务技术匹配理论的角度进行详细的分析研究。根据任务技术匹配理论的分析思路，需要分别对农村移动商务应用的技术特点、农村生产工作的任务特点及农村用户的特征进行分析，然后进行匹配的分析，从而得出技术和任务特点是否匹配，能否进一步促进农村移动商务应用。基于任务技术匹配理论的基本思路，建立农村移动商务任务技术匹配的研究框架，如图 3-10 所示。

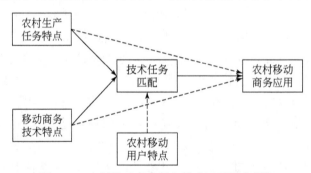

图 3-10　农村移动商务任务技术匹配研究框架

3.3.3　基于 UTAUT 的农村移动商务接受整合模型

由于基于一种理论单独提出的模型往往会缺乏从不同的视角和层面更加全面地分析研究问题，最近这些年，一些基于超过一种理论模型基础的扩展模型的高效率在许多研究中被证明。作为 TAM 最新的发展，UTAUT 实际上也是基于多种理论的整合模型，其综合性也适合于分析作为信息技术的新兴应用的移动商务的接受，因此本研究以 UTAUT 模型作为基础模型，而对该模型不足的方面加以修正。

从经济学的需求理论来看，价格是影响需求的重要因素。在农村移动商务的应用中用户的使用服务需要支付的成本费用也就是使用该服务的价格。由于我国农村用户收入相对较低，在使用农村移动商务服务时对于使用的成本因素可能会相对比较敏感，因此本研究模型将成本作为一个影响农村用户对农村移动商务接受的一个重要影响因素。如前面综述总结的那样，在移动商务接受的相关研究中也多次将成本费用作为影响移动用户接受和使用的一个重要因素。

由于交易的虚拟性特征，信任电子商务接受的研究中被作为一个重要的因素，对其进行了较深入的研究。移动商务实质上也具有和电子商务类似的虚拟特征，信任在其接受行为中也具有非常重要的地位。在无线的环境下对于安全和隐私的考虑，以及无线移动系统和移动服务提供商的可信度是建立用户信任的重要基础。

根据理性行为理论，个人的行为态度是基于对行为产生的多种可能结果的愿望和可能性的。在移动商务接受中，所有移动服务接受和使用得到的满意结果会影响到对于移动商务的态度，也可以说用户以往移动服务使用的满意将会形成对于进一步采纳移动商务的态度，因此可以说对于移动服务的满意是影响接受和使用移动商务的重要因素，相关的研究也证明了这一点。对于目前农村移动商务用户来说，对于移动服务的满意主要是对于移动服务提供商的满意，包括其提供的内容、服务的价格等方面的因素。

由于近几年在移动服务领域存在一些不规范的经营行为，出现了许多违规收费、收费不透明、欺诈消费者及大量垃圾信息等现象，虽然主管部门正加大监管和处罚力度，但对于普通消费者来说，其以往接受服务的经历带来对于移动服务的信任程度和满意度仍将会显著影响到后续的接受和使用行为。

基于上述原因，为了揭示符合移动商务应用特点的接受行为的特征，本研究将来自于需求理论和理性行为理论等相关研究的影响因素，如成本、信任及满意等引入 UTAUT 模型中，形成一个新的整合模型（图 3-11）。

3.3.4 适合我国农村特点的移动服务商业模式与发展策略

在从技术接受的角度对于农村移动服务进行理论探讨、现状分析和实证研究的基础上，我国农村移动服务发展的主要模式和路径需要结合移动技术的特点和我国农村用户特征进行分析和设计，提出适合于我国农村特点的移动服务商业模式和发展策略。

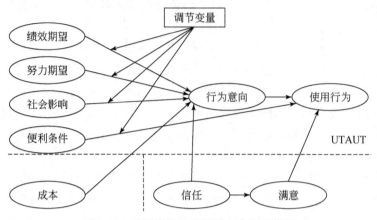

图 3-11　移动商务用户接受整合研究模型

　　从商业模式分析的思路，对适合我国农村特点的各种不同移动服务商业模式的服务内容、参与者和利润来源需要结合农村特点加以分析，符合我国农村特点的商业模式主要有移动信息服务模式、移动营销模式和移动交易模式。

　　发展农村移动服务需要这方面的相关者和实际参与者积极采取对策措施，本研究将在理论分析和实证研究结论的基础上主要从政府层面、企业层面和用户层面提出促进农村移动服务发展的对策措施。

　　在对农村信息化及移动商务接受的研究综述基础上，结合现实情况和实证研究分析当前我国农村信息化存在的突出问题，进而分析论证移动服务应用于我国农村的可行性和适用性，通过农村用户接受移动信息服务的影响因素的实证研究，结合移动技术特点和我国农村的实际情况，提出适合我国农村特点的移动服务模式及其发展的对策措施。

　　根据上述研究思路构建研究框架，见图 3-12。

3.4　本 章 小 结

　　本章通过对近年来移动商务接受研究的综述，归纳分析了移动商务接受研究中所运用的各种基础理论模型，并对它们运用于移动商务接受研究的适用性问题进行了初步探讨，在此基础上，结合对移动商务技术特点、应用特征的分析和对我国农村用户的特点的探讨，构建了基于 UTAUT 和成本、信任与满意等因素的我国农村移动商务用户接受的整合模型，同时根据 TTF 理论的研究思路，提出了基于 TTF 的农村移动商务任务技术匹配的分析思路，形成了本课题研究的整体框架。

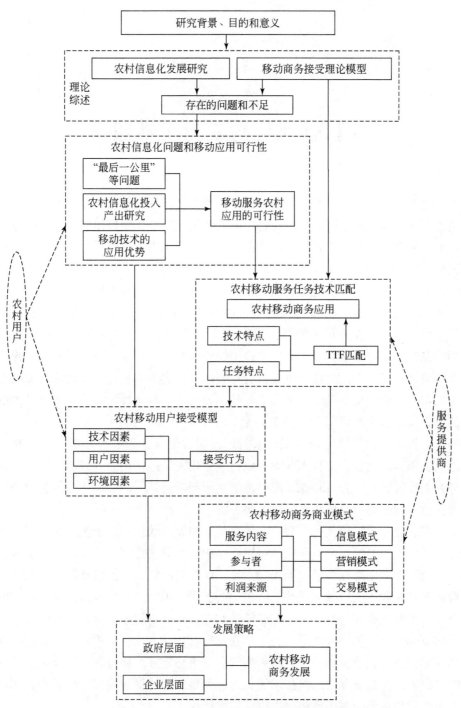

图 3-12 农村移动服务接受研究模型研究框架

第4章
农村信息化与农村移动服务

近年来随着信息技术的发展和普及，社会经济发展与信息技术的联系越来越紧密。在西方发达国家农业信息技术已经进入产业化发展阶段，农业信息的获取和处理、农业生产管理、农业专家系统、农业决策支持系统、农产品安全信息记录和追踪等方面各种信息技术手段得到了较为普遍的应用。我国也把全面认识信息化发展和工业化、城镇化、市场化、国际化发展新形势和新任务作为科学发展观的重要内容。2007年"中央1号文件"强调"把加强农村信息化建设作为推进农业科技创新，强化建设现代农业的科技支撑的重要措施"，用信息技术装备农业，对于加速改造传统农业具有重要意义，在新农村建设中农村信息化建设也是一项不可或缺的重要部分，农业信息化也是现代信息科技发展与经济全球化背景之下中国农业经济发展的必然选择。在农业信息技术的研究方面，信息产业部和各地政府启动了农村信息化推进工程，科技部"十一五"国家科技支撑计划"现代农村信息化关键技术研究与示范"重点项目也已立项。然而，当前我国农业和农村信息化发展进程还因为许多障碍因素的存在而比较缓慢，分析和探讨所存在的主要问题及其原因有助于为促进农业和农村信息化发展寻求更为有效的解决方案。

在农业和农村现代化进程中，信息技术和设施的投入对于改善农村居民文化生活，提高农村生产效率应该可以起到积极的促进作用，然而当前我国农村信息化过程中还存在明显的问题和不足，而且目前的农村信息化投入方式和内容是否符合我国农村的实际情况，是否明显促进了农村实际经济发展，这些问题也有待实证研究的验证，而实证检验和进一步分析的结果可以为当前促进农村信息化发展提供决策依据。为了达到上述目标，本章将分析农村信息化存在的问题，从现状分析和基于统计数据的实证研究等方面探讨农村信息化发展问题的原因，并结合移动通信技术的特点和优势，探讨将发展移动服务作为解决当前农村信息化问题的重要解决途径的可行性。

4.1 当前农村信息化应用存在的问题

4.1.1 农村信息需求与信息化特点分析

农村生产生活的特点决定了农村信息需求不同于城市的显著特点，而农业信息化的发展和城市信息化发展也存在显著的差异。农村信息需求的特点与农村生产生活决策的特点紧密相关。农村生产生活决策包括多个方面的内容，从分析的典型代表性角度出发，本节主要基于农业生产决策的特点进行农村信息需求和信息化特征的分析。

农业生产过程不同于工业生产，它在相当程度上依赖于自然条件，技术因素在其中也起到一定作用，而在农业生产的决策制定的过程中，生产者主要依据现有自然资源条件（如土地和气候条件等）、生产技能（如对于作物生产管理的技术掌握）、拥有的资金和生产资料（如化肥、农药、农业生产工具等）制定生产安排，而具体生产的品种和数量的决策除上述因素外，另外的重要因素是相关信息，如农产品供求信息、价格信息、市场预测信息。相对于农业生产来说，因其依赖于自然条件，而且有一定的生产周期，农业生产受到的制约更多，信息在其中的作用也更为显著。

农业生产依赖于自然条件，其产出具有不确定性。目前我国绝大多数的农业生产在很大程度上还主要受到自然环境条件的影响，宏观和微观环境条件的变化对农业生产过程会产生不确定性的影响，而自然环境条件的变化，特别是微观的环境变化也存在较大的不确定性和难以预测的特征，因此也存在其特有的风险。

农业生产依赖于农作物或畜禽的自然生长过程，一般具有一定的生产周期，这一周期常常需要相当长的一段时间，这样就使农业生产决策对于社会经济环境变化的反应有一定的滞后，即使及时获取到了相关信息，由于农业生产进程往往不能轻易终止和改变，这些信息在农业生产中发挥作用或产生反应往往需要相当长的时间，这样就存在滞后效应。农产品供需均衡分析中的蛛网效应的产生就是农业生产信息反应滞后的一个典型的例子。

农产品供需的时间和空间差异决定了信息对于农业的生产经营具有突出的作用。目前多数农业生产还受到时间和地域因素的限制，多数鲜活农产品又是不易储存和运输的，而农产品需求却不具有这些明显的时空特性，在这样的情况下农业生产供应和需求就必然存在时间和空间上的差距，这一供给和消费在时间和地域上的区隔和差异必须通过信息的沟通和仓储、物流的相关服务的支持得到缓解，否则将导致供应过剩和消费需求得不到满足同时存在的不良局面。信息流通是解决农业生产和消费矛盾的一个非常重要的关键因素。

农业相关信息构成比较复杂、离散程度高，信息搜寻成本高，迫切需要信息化服务。由于我国地域辽阔、人口众多，农产品生产时间性地域性特征突出，农产品市场需求信息分布离散程度较高，农产品信息需求者的信息搜寻过程比较复杂而结果具有较大的不确定性，加上农民在市场上通常处于弱势地位，信息搜寻能力不足，如果找不到有效的农产品需求信息，就找不到实现农产品经济价值的有效市场。而这样的信息搜寻继续下去的成本将进一步增加，农业生产者个体搜寻相关信息也难以形成信息搜寻的规模经济，这就迫切需要农产品市场的信息化服务，农产品需求者信息搜寻过程的复杂化和成本的增加也引发了对农业信息化的需要。同样对农产品市场的类似分析也适合应用到农业生产前后物资和服务的需求市场。与农业相关产品与服务市场信息的离散性使市场交易者进行信息搜寻成为必要，而搜寻的优化引发了农业信息化的迫切需要，从供需两个方面来看，以现代信息技术提供农业相关信息的服务，发展农业信息化具有突出的现实意义。

当前农业生产、供给和农产品交易和消费过程中普遍存在信息不对称的问题。农产品生产者、流通环节的经营者和最终消费者之间均存在一定程度的信息不对称问题，农业生产和供应链上各方参与者之间信息的不对称将导致各自的经济目标难以实现，而对于农产品来说，从生产到流通、消费过程中的信息不对称还是食品安全问题产生的重要原因。

根据信息经济学原理，信息不对称将导致逆向选择的问题。何德华（2007）等的研究指出，农业生产者对市场信息的缺乏可能导致农产品经销商和农资经营者的逆向选择行为，农民提供的农产品可能得不到其应有的价值回报，而相关农资产品也可能会出现以次充好、假冒伪劣的现象；另外，消费者和中间商对于农产品信息的缺乏又可能导致农产品提供者的逆向选择行为，在农业生产和农产品加工过程中发生违背食品安全等方面的不良行为。如此，将形成一个恶性循环的过程，而农业信息化建设是解决信息不对称问题的一个有效途径。现代信息技术将使有效的信息传送得更加有效率，同时借助于一定的信息甄别机制可以有效解决农业生产和交易中逆向选择的问题。

从投入和产出的关系来看，信息也是生产经营中投入的一个重要要素，拥有一定的信息将有助于农业生产经营目标的实现。

4.1.2　农村信息化发展存在的问题

（1）农村信息化发展情况不均衡，"最后一公里"问题突出。农村信息化在不同地区不均衡，不同的信息设备类型的普及也不均衡。最终用户对信息设备的普遍使用是信息化的基础和前提。从目前农村信息设备普及情况来看，一方面，电视、固定电话和移动电话的普及率已经非常高，根据信息产业部和国家统计局农村社会经济调查司的统计数据（表4-1），2005年我国已通电话行政村比重就达到98.9%，2009年年末我国农村平均每百户拥有彩色电视机108.9台，固定电话62.7部/百户，移动电话115.2部/百户；根据工业和信息化部2011年上半年报告，2011年6月末我国共有移动电话用户9.2054亿，3G用户8051万，农村电话用户9656.5万户，移动电话普及率达到68.8部/百人，而移动本地和长途电话通话时长分别比上年同期增长14.8%和29.8%。另一方面，虽然农村信息网络得到了较大的发展（如江西、湖北两省已实现了"乡乡通宽带"，全国涉农网站已超过6000个），但是农村电脑的拥有率还很低，2009年年末农村家用计算机拥有量仅为7.5台/百户。农民的电脑应用知识和能力也相对比较低，"村村通宽带"还面临着"最后一公里"的普遍问题，基于计算机网络的农村信息化模式显然还存在比较大的障碍。根据相关统计数据，王育菁和曾文武（2006）、张西华（2006）、梅方权等认为这表明我国农村居民和城市居民之间、不同的地区之间、农业和其他行业之间存在着明显的"数字鸿沟"，"我国农业信息化发展迟缓，而且发展进程中障碍重重"。本研究的问卷调查的统计结果也显示，以计算机网络为主的信息化模式目前在农村的实际应用和接受的情况也如上所述，存在较突出的问题。

表4-1　近几年来我国农村住户信息设备拥有情况

年份	彩色电视机 /（台/百户）	家用计算机 /（台/百户）	电话机 /（部/百户）	移动电话 /（部/百户）
2000	48.70	0.50	26.40	4.30
2001	54.40	0.70	34.10	8.10
2002	60.50	1.10	40.80	13.70
2003	67.80	1.40	49.10	23.70
2004	75.10	1.90	54.50	34.70
2005	84.08	2.10	58.37	50.24
2006	89.43	2.73	64.09	62.05

年份	彩色电视机 /(台/百户)	家用计算机 /(台/百户)	电话机 /(部/百户)	移动电话 /(部/百户)
2007	94.40	3.70	68.40	77.80
2008	99.20	5.40	67.00	96.10
2009	108.90	7.50	62.70	115.20

资料来源：国家统计局农村社会经济调查司（2006）

（2）计算机和网络还未成为农民信息的主要来源。本研究的问卷调查显示，农村居民目前主要的信息来源还是以传统媒体、人际交流等方式为主，如"获取信息主要渠道"处在前几位的按比例排序依次为：电视（83.5%）、报纸杂志（51.9%）、亲戚邻居朋友（50.0%）、通过固定电话或手机（49.1%）、广播（28.8%）、政府组织（19.8%）；获取农业信息的主要渠道依次为：电视（70.7%）、亲戚邻居朋友（37.3%）、各级政府组织（36.8%）、报纸杂志（34.9%）、别人示范（27.8%）、广播（22.2%）、农业专家热线（12.3%）、电话手机（12.3%）、计算机网络（5.2%）。这一调查结果显示，目前农民信息的主要来源还是传统媒体及传统方式的人际交流，由于实际普及率和使用率较低，计算机和网络还远远没有成为农民信息的主要来源。购买和使用的成本较高、不会使用是被访者普遍反映的问题。

（3）移动通信服务得到了一定程度的使用，但也存在使用成本和易用性等问题。调查显示，农村手机用户对于当前移动通信运营商和服务商提供的有关服务都有一定程度的使用。曾经使用过的移动服务调查结果处于前几位依次为：个人交流（51.9%）、天气预报（42.0%）、彩铃（20.2%）、订阅新闻（14.4%）。移动服务使用的成本和易用性是农村用户认为比较突出的问题，被访者认为手机信息服务问题存在的主要问题依次为：价格贵（40.4%）、输入麻烦（40.4%）、表达不够清晰（23.1%）、功能复杂使用不便（21.2%）和太费时间（20.2%）。

（4）农村互联网发展已经形成一定规模，但网民规模和相关基础设施与城镇差距较大。根据互联网信息中心的调查，2011年6月我国农村网民规模达到1.31亿人，在农村7.37亿农村居民中，互联网普及率为5.1%，而同期全国网民规模达到4.85亿人，互联网普及率已达到36.2%。农村网民人数不到全国网民人数的3成（27%），普及率不到城镇的1/4（23.6%）。农村地区互联网的发展水平与城镇差距很大。农村互联网相关基础设施薄弱，农村信息化基础设施落后，发展速度缓慢。截至2009年年底，农村拥有的家庭电脑数量为7.5台/百户，远低于城镇电脑拥有量，增长速度也远低于城镇，互联网相关基础设施差距还在加大（表4-2）。

表4-2　城镇与农村网民数量增长情况　　　　　　（单位：万人）

统计时间	全国网民总数	农村网民数量
2006 年 12 月	13 700	2 311
2007 年 06 月	16 200	3 742
2007 年 12 月	21 000	5 262
2008 年 06 月	25 300	—
2008 年 12 月	29 800	8 460
2009 年 06 月	33 800	9 565
2009 年 12 月	38 400	10 681
2010 年 06 月	42 000	11 508
2010 年 12 月	45 700	12 500
2011 年 06 月	48 500	13 100

资料来源：中国互联网络信息中心（2008）

　　相关调查数据显示，网吧是农村网民上网的最主要途径，上网行为更多地表现为娱乐行为。农村家庭上网比例偏低，网吧是农村网民极其重要的上网场所。农村网民中经常在网吧上网的比例超过半数（53.9%）。网民较多地将互联网作为信息渠道、沟通工具和娱乐工具，使用互联网作为生产服务的比例较小，与城镇网民相比，农村网民对互联网各项功能的应用能力也相对较弱。

　　中国互联网信息中心的统计报告指出，缺少技能和相应设备是制约农村居民上网的两大因素。不会上网和没有相应设备是农村居民不上网的两大理由，分别占到不上网居民的28.3%和39.5%。这两个因素是制约农村网民规模扩大的最主要原因。2006年12月调查显示，农村网民不上网的首要原因是不会上网，到2007年6月农村网民不上网的首要原因已变成没有相应上网设备。农村互联网基础设施的薄弱，已成为阻碍农民上网和农村互联网发展的最大瓶颈。

　　电脑是互联网接入最主要的终端设备，而农村居民中每百户只有2.7台电脑，同时期城镇却为47.2台，这是制约农村互联网普及率提高的最主要硬件因素。目前，中国农村家庭的年均纯收入只有3587元，只够买一台配置低端的台式电脑。虽然农村居民的收入和电脑拥有率在增加，但这一点仍旧是农村互联网发展的瓶颈，是制约农村互联网发展的重要原因，见表4-3。

表 4-3　2009 年我国各地区农村居民家庭主要耐用品年末拥有量统计

地区	固定电话 /(部/百户)	移动电话 /(部/百户)	彩色电视机 /(台/百户)	家用计算机 /(台/百户)
全国合计	62.7	115.2	108.9	7.5
北京	112.1	208.5	137.6	52.3
天津	88.7	129.7	123	12.5
河北	66.1	91.2	115.5	6
山西	76	94.3	107.1	6.2
内蒙古	35.1	115.6	97.5	1.9
辽宁	92.4	107.4	110.9	5.9
吉林	53.1	151.8	111.1	4.6
黑龙江	60.8	127.1	107.1	7.9
上海	97.2	173.8	190.2	54.3
江苏	91.9	143.7	134.7	8.2
浙江	90.8	179.9	162.3	31.1
安徽	69.9	110.6	106.1	4.3
福建	81.6	182.6	122.5	17.9
江西	53.8	127.3	103.8	3.3
山东	70.7	141.3	100.7	10.8
河南	35.5	126.2	103.8	4.0
湖北	55.6	134.2	105.4	5.2
湖南	57.8	106.3	93.5	3.0
广东	82.1	184.4	116.6	16.2
广西	60.8	125.2	97.9	3.0
海南	45.1	111.1	99	1.8
重庆	56.9	107.8	95.3	1.8
四川	59.2	118.2	101.2	3.7
贵州	38.1	82.5	88.1	1.0
云南	29.5	115.3	92.3	1.2
西藏	40.6	36.3	68.1	0.2
陕西	57.5	140.8	104.4	4.6
甘肃	60.6	95.1	103.7	2.7
青海	63.2	123.5	97.2	1.2
宁夏	63.8	151.8	120.3	4.0
新疆	41.3	73.4	83.6	1.7

资料来源:《中国农村住户调查年鉴（2010）》

从表 4-3 中的数据可以看出，不同地区农村的信息设备拥有率也存在较大的差异，东部地区农村信息设备的普及率相对较高，而中西部地区的普及率明显较低。对于不同的信息设备类型，整体来说农村家用计算机的普及率都很低，仅北京、上海和浙江相对较高，其他绝大多数省份均不超过 10 台/百户，18 个省份农村家用计算机拥有率不到 5 台/百户；另外，数据显示，固定电话和移动电话在农村得到了较好的普及，只有 7 个省份农村的固定电话西藏农村的移动电话普及率未达到 50 部/百户，26 个省份农村的移动电话普及率均超过了 100 部/百户，这为农村移动信息服务及移动商务的开展提供了良好的基础条件。

4.2 农村信息化投入对农业产出影响的实证研究

经济增长和投入产出的相关研究理论和模型有经济增长理论、哈罗德多马经济增长模型、新古典经济学增长理论和内生经济增长理论，以及制度经济学的制度结构决定论和投入产出分析、C-D 生产函数理论等。新古典经济增长理论认为，经济增长与资本存量、劳动投入和不同时期的技术水平有关，而将技术进步看成是外生的；内生经济增长理论将技术进步作为内生增长因素；罗默认为，总产出是私有知识、知识总量和其他投入的函数；制度经济学则认为制度结构或制度框架在静态上决定了经济绩效，而制度变迁构成长期增长的源泉。

4.2.1 农村信息化投入对农业产出影响研究模型

C-D 生产函数是查尔斯·柯布和保尔·道格拉斯（Cobb and Dauglas, 1928）在对哈罗德–多马模型资本产出比和资本储蓄率不变的假设加以突破的基础上，以简单的形式分析出的生产投入和产出的关系。C-D 生产函数的最初形式在一般生产中可以简单地把投入分成资金和劳动力两种生产函数，式（4-1）中，Y 为产值，K 为资金投入，L 为劳动力投入，α 为资金弹性系数，β 为劳动力弹性系数，A 为为生产转换因子。

$$Y = AK^{\alpha}L^{\beta} \tag{4-1}$$

本研究基于 C-D 生产函数的基本思想，将信息技术投入作为一项投入要素加入 C-D 生产函数进行分析。根据黑狄和迪龙（Heady and Dillon, 1961）对农业生产函数的理论研究，可以将 C-D 生产函数进行改进，将农业生产有关投入引入模型作为解释变量，相关的农业投入包括资金、劳动力、土地、农药、化肥和农业机械等各方面的投入。对于农业生产来说，土地投入是一个非常重要的因素，而对于农业生产的其他生产资料的支出也可以作为农业生产经营的资本费用的支出而计入资本投入这个解释变量中。假定农村信息化投入也应用到了农业生产经营中，为农业生产经营做出了显著的贡献，此时农村信息化投入对于农业生产函数来说也是一个重要的解释变量，需要将其引入到农业生产函数模型中，从而形成包含信息化投入的农业生产函数理论模型（式4-2）。

$$Y = AK^{\alpha}L^{\beta}P^{\gamma}I^{\delta} \tag{4-2}$$

式（4-2）在式（4-1）的基础上加入了土地投入（P）和信息化投入（I）两个变量，其参数 γ 为土地的产出弹性，δ 为信息投入的产出弹性。

使用上述农业生产函数理论模型进行实证研究时，需要考虑到实际经济活动的随机性特征，同时由于上述模型中仅将理论上认为对产出最有贡献的因素考虑在内，还可能存在其他因素对产出产生影响，因此需要引入随机扰动项 ε 而建立用于实证分析的计量经济学模型。由于本研究采用的数据来自于农村住户调查，各地区情况的主要变量多数以人均数为单位，因此，将原模型中的劳动力投入因素略去[①]，将原模型两边取对数后建立计量经济模型，如式（4-3）所示。

$$\ln(Y_{i,\,t}) = \ln(A) + \alpha\ln(\text{capital}_{i,\,t}) + \gamma\ln(\text{land}_{i,\,t}) + \delta\ln(\text{info}_{i,\,t}) + \varepsilon \tag{4-3}$$

在式（4-3）中，Y 为农业产出，这里用农村家庭人均第一产业收入来代替；A 为综合生产效率系数；capital 为资本投入即原理论模型中的 K，用农村第一产业家庭经营人均费用支出衡量；land 为土地投入即原理论模型中的 P，这里用农村家庭人均耕地面积衡量；info 为信息化投入变量即原模型中的 I，用信息化投入指数表示；i = 2000，2001，…，2009，即年份标志；t = 1，2，…，31，即为地区标志；α 为资金投入的产出弹性；γ 为土地投入的产出弹性；δ 为信息投入的产出弹性。

该模型假设资本投入、土地投入和农业信息化投入对农业产出具有显著的正向贡献，即资本、土地和信息化投入的增加会带来农业产出的显著增加。

4.2.2　数据的收集和整理

根据上述计量模型，相关数据主要从 2000～2010 年各年的国家统计局出

---

① 需要指出的是按劳动力投入数进行平均的有关数据与统计数据中的人均数据相比较可能会略有偏高，这里仅用统计数据公布的各项人均数据作为按劳动力平均的各项数据的替代变量。

版的《中国农村住户调查年鉴》中收集整理得到。该年鉴收录的数据来源于国家统计局组织开展的"农村住户抽样调查"，具有较强的可靠性和权威性，也符合本研究的数据需要。本研究选取用于实证研究的数据包括了 2000 ~ 2009 年全国 31 个省份人均第一产业收入、人均农业经营费用支出、人均耕地面积及农村家庭有关信息设备拥有情况，这些数据包括了时间序列上的数据，同时每年数据中都包含各地区的横截面数据，因此符合面板数据的特征，进行实证研究时需要考虑面板效应有关的问题。

由于信息化投入水平是一个综合性因素，涉及各种信息化软硬件的投入，包括如计算机、固定电话、移动电话、电视机等的拥有量等多方面的因素，而根据 2000 ~ 2009 年的相关数据（数据来源于《中国农村住户调查年鉴（2001 ~ 2010)》），这几个指标相关性较强（表 4-4），这几个指标可以综合为一个指标代表各地区农村信息设备拥有情况，本研究将其定义为信息化投入指数。经过相关检验证明这些指标数据适合进行因子分析，通过基于主成分方法的因子分析，进一步的因子分析发现这几个指标都集中于一个因子之上，通过计算出该因子得分即得到信息化投入指数。

表 4-4　各地农村居民信息设备拥有量相关系数矩阵

	移动电话	固定电话	个人计算机	彩色电视机
移动电话	1.000 000	0.786 046	0.728 239	0.818 610
固定电话	0.786 046	1.000 000	0.647 897	0.877 552
个人计算机	0.728 239	0.647 897	1.000 000	0.686 112
彩色电视机	0.818 610	0.877 552	0.686 112	1.000 000

4.2.3　基于面板数据实证分析

对各地区农村家庭人均第一产业收入、人均第一产业费用支出、人均耕地面积及信息化指数之间的联系进行相关性分析，得到表 4-5。

表 4-5　各投入要素和产出的相关分析表

	Y	capital	land	info
Y	1	0.8470	0.7126	−0.0985
capital	0.8470	1	0.6674	0.1141
land	0.7126	0.6674	1	−0.1969
info	−0.0985	0.1141	−0.1969	1

从上述简单相关性的分析中可以看出，耕地和资金的投入和产出的正向相关性较高，这符合生产函数的基本理论，而信息化投入指数与产出之间的相关性并不高，而且相关系数为负，很显然有悖于生产函数理论的基本思想。一个可能的情况是，信息化投入并没有对农业经济发展起到促进作用，或者说这些信息化投入并没有应用到农业生产中。

本研究采用的数据来自于《中国农村住户调查年鉴（2001-2010）》，包含了 2000~2009 年各地区的面板数据（panel data，又被译为平行数据或综列数据），包含 31 个省份 10 年的农户调查数据。

panel data 的计量经济学分析一般有三种基本分析模型：混合回归模型（pooled regression models）、固定效应模型（fixed effects models）和随机效应模型（random effects models）。针对本研究到底应该选取哪一种模型形式可以利用如下的方法进行判别。第一步，利用邹检验（Chow Test）来判别应该选择混合回归模型还是固定效应模型，如果选择了混合回归模型，则停止检验直接应用混合回归模型进行估计，反之继续下面的检验判别；第二步，利用 Hausman 检验来判别应该选择固定效应模型还是随机效应模型，如果选择了固定效应模型，则停止检验直接应用固定效应模型进行估计，如果选择了随机效应模型就继续下面的检验判别；第三步，利用 BREUSCH-PAGAN LM 检验来判别应该选择混合回归模型还是随机效应模型。本书的具体判别如下：

针对混合回归模型与固定效应模型的判别，提出以下假设。

H0：模型为混合回归模型（有约束的模型）；

H1：固定效应模型（无约束的模型）。

（1）估计混合回归模型，计算 RRSS：

$$RRSS = \sum \hat{e}_{r,i}^2 = 2.529$$

（2）估计固定效应模型，计算 URSS：

$$URSS = \sum \hat{e}_{u,i}^2 = 0.3746$$

（3）在 H0 下，计算 CHOW 值，进行检验：

$$CHOW = \frac{(RRSS - URSS)/((NT - (K+1)) - (NT - (K+N)))}{URSS/(NT - (K+N))}$$

$$= \frac{(RRSS - URSS)/(N-1)}{URSS/(NT - (K+N))} = \frac{(2.529 - 0.3746)/(31-1)}{0.3746/(31 \times 6 - 3 - 31)} = 29.139$$

由于 CHOW 渐近服从 F 分布，在 1% 显著性水平下，CHOW = 29.139 > $F_{30\,151}$，所以拒绝 H0 接受 H1，认为固定效应模型比混合回归模型要好。

本研究的生产函数模型中由于各省份经济和科技发展及管理水平不同，其综合生产效率系数 A 可能不同。前面对混合回归模型和固定效应模型的检验支持固定效应模型，而固定效应和随机效应需要进一步检验，本研究采用检验固定效应和随机效应最常用的方法 Hausman 检验（根据伍德里奇、古扎拉蒂在计量经济学教材中的介绍的主要检验方法）。在 Eviews5.1 中进行 Hausman 检验的结果见表 4-6，该检验结果表明拒绝横截面随机效应的假定，支持横截面的固定效应模型。

表 4-6　Hausman 检验结果

截面随机效应检验		
检验报告	卡方统计值	概率
截面随机效应	12.944 10	0.004 759

在 Eviews5.1 中估计固定效应模型，结果见表 4-7（模型 M1），DW 检验不能判断是否存在自相关问题，信息投入指数的参数估计也不显著，将信息投入指数从模型中剔除后再进行估计，并选择加权估计以消除可能存在的异方差问题（模型 M2），得到结果见表 4-7。从删除信息投入指数并进行加权估计的结果可以得到 DW 接近于 2，检验显示不存在自相关问题，模型的拟合优度较前次略有变化，而方程整体显著性（F 检验）得到了进一步改善。从最后的估计结果可以看出，模型的整体显著性较高，各个变量的作用也非常显著，信息化投入指数的剔除并没有给模型的估计带来不良影响。而从 α 和 β 的估计值可以得到，由上述模型分析得到的农业生产函数模型是规模报酬递减的。

表 4-7　生产函数模型固定效应估计结果

变量	M1				M2			
	系数	标准误	t-值	Prob.	系数	标准误	t-值	Prob.
C	5.6292	0.6112	9.2108	0.0000	5.8573	0.2069	28.3124	0.0000
Log（capital）	0.2721	0.0915	2.9738	0.0051	0.2335	0.0324	7.2010	0.0000
Log（land）	0.3916	0.1412	2.7734	0.0086	0.3077	0.1164	2.6432	0.0091
Log（info）	−0.0081	0.0186	−0.4374	0.6643				
R-squared	0.9614				0.9347			
Adjusted R^2	0.9329				0.9210			
F-statistic	33.7599				68.015			
Prob（F-stat）	0.0000				0.0000			
D-W	2.7836				2.0512			

注：M1 为原模型的固定效应估计；M2 为剔除不显著的变量后进行固定效应估计的结果，估计时选择了加权估计以消除可能存在的异方差问题

4.2.4　实证研究结果的讨论

从上述研究可以看出，生产函数实证分析的结果显示信息化投入指数对于农业产出的影响并不显著，导致这一问题的原因可能是由于当前农村信息化设备的投入并没有应用于支持农业生产经营活动，或者说信息化设备的投入对于农业生产经营产出的促进作用并不明显。目前农村信息化建设中投入的计算机、电话等信息化终端设备还没有成为农民信息的重要来源，短时间内也难以在农业和农村信息化中发挥重要作用，主要的原因有以下几个方面。

(1) 人们生产生活习惯的改变需要一定的时间。人们长期以来形成的生产生活习惯往往是难以改变的，需要经过较长的时间或者以某个特殊事件为契机。根据创新扩散理论的观点，计算机作为一项创新技术在农村和农业生产生活中的应用也必将经历一个逐渐蔓延的过程，而这一过程在农村可能会相对漫长一些。

(2) 目前农村计算机拥有量过低且没有成为生产经营的重要支持工具。目前我国农业信息化基础设施薄弱，现代信息技术在农村的使用率还很低。如前所述，全国统计的结果为 2009 年农村计算机拥有量仅为 7.5 台/百户，本研究调查也显示已有计算机并上网的农村被访者仅占 3.3%；此外，计算机在农村还没有成为为农业生产服务的工具，已有计算机和计划三年内购买计算机的主要目的调查显示用于有关生产经营的比例也不高，主要用途依次是孩子教育 31.7%、娱乐 15.4%、生产经营 10.6%。

(3) 计算机拥有成本过高，农民缺乏相关知识和技能。调查显示，没有购买计算机的主要原因的前三位排在依次是：价格太贵 30.8%、不会使用 26.9% 和感觉没用 13.5%。农村计算机拥有率低的一个重要原因是目前农民购买和使用计算机的成本过高，而且绝大多数农民没有计算机使用方面的知识和技能，感觉买了也可能没用。农民文化水平相对较低，绝大多数只有初中及以下的文化程度。农民受到文化水平等因素的制约，其信息化意识和利用信息技术的实际能力也不足。

(4) 缺乏专门面向农村和农民、满足农民需要的信息服务模式和内容。农业产业化程度不高，信息呈现离散性分布特征，已有信息技术实用性差，给农民带来的实际经济效益并不显著；现代信息技术（如计算机网络等）使用成本较高，阻碍了信息技术的普及（傅洪勋，2002）。

供给和需求两方面的原因导致目前农业和农村信息化发展还没有能走上良性循环的轨道，而政府有关部门在推进农村信息化发展时也还缺乏从供需双方的经济利益和实际接受的角度加以深入研究，因此基于现代信息网络技术，特别是以个人计算机和因特网应用为基础的农业信息化发展模式在当前并没有得到很好的应用和发展，没有真正为农村经济发展起到显著的促进作用，有必要对农业和农村信息化发展的模式和支持技术加以进一步的研究，而随着移动通信在农村的发展，农村移动服务的深入开展将为此提供一个有效的解决途径。

4.3　农村移动服务应用的可行性研究

4.3.1　移动服务的应用优势

上述统计和调查及分析的结论表明，当前农村信息化发展在网络基础建设、用户规模、使用成本、发展模式和用户需求等方面均存在比较突出的问题，特别是基于计算机网络为主的农村信息化发展模式所存在的明显不足，而移动服务的应用已经具备较好的基础条件和可行性，如果将移动通信技术广泛应用于农村信息化建设，从用户接受和使用的角度来看将会取得比较显著的效果。基于这一基本判断，当前要提高农业信息化应用的实际效果，解决农村信息化发展中存在的问题，在移动通信网络的基础上发展面向农村的各种移动服务将是一个比较重要和有效的解决途径。

移动服务所具有的灵活的移动性、便捷性、即时性、个性化、定位性及使用成本相对低廉的特征，大大拓展了以往传统商务和基于有线互联网的电子商务的业务内容和范围，产生了一些创新的应用模式，具有明显的比较优势、后发优势和规模优势。

移动服务在城乡的应用和其他信息技术应用比较而言具有明显的比较优势。用户通过移动服务获取信息更加及时、方便、快捷；移动终端的使用更加灵活方便、便于携带，随时连通，而且其使用成本相对也比较低廉；可以随时随地接受和发送数据和信息，使人们的生活和工作更加方便而不再受地域的限制；对于企业来说，这种新兴的商务模式支持的多种新的应用类型带来了巨大的市场规模和市场机会（表4-8）。

表 4-8　移动通信与传统媒体、计算机网络在农村应用特点的比较

使用特点	电视、广播	计算机网络	移动通信
覆盖面	广泛	狭窄	广泛
普及程度	高	很低	高

使用特点	电视、广播	计算机网络	移动通信
使用难度	很容易	较难	比较容易
提供信息	不容易	容易	容易
接受信息	很容易	比较容易	很容易
进行交易	很困难	不太容易	不太容易
使用便利	很方便	不太方便	很方便
知识要求	较低	较高	一般
使用成本	较低	较高	中等
环境要求	一般	较高	一般
互动性	较低	较高	较高
移动性	不灵活	不灵活	灵活

移动商务具有突出的后发优势。相对有线互联网基础上的电子商务来说，由无线网络技术支持的移动商务具有突出的后发优势，在人们经过了基于有线方式的信息化、电子化、虚拟化的网络经济和电子商务近 10 年的培养和熏陶之后，已经逐渐建立起对于数字化生活和工作的信任甚至一定程度的依赖时，移动商务作为后来者比较容易被接受和使用。经过近几年的快速发展，我国已成为世界上最大的移动通信市场，拥有覆盖中国辽阔疆域的移动通信网络，也拥有了得到国际广泛认可和接受的由我国提出的 3G 技术标准 TD-SCDMA。当前我国所面临的市场环境与良好的发展机遇也是其他国家所没有的，从网络设备到移动信息终端的制造厂商，从基础网络运营商到商用增值服务提供商，从应用移动商务的企业到使用服务的消费者，移动商务在不同层面与不同领域孕育着巨大的商机。

移动商务应用具有显著的规模优势。许多国家手机用户超过上网人数，移动商务因此在规模上具有明显的潜在优势，而我国由于幅员辽阔、人口众多，特别是目前在农村地区，移动用户的规模大大地超过了上网人数的规模，这为移动商务的应用提供了良好的用户群体的规模，所以说移动商务应用具有突出的规模优势。

4.3.2　我国农村移动服务应用的技术可行性

研究和实践表明，移动服务应用于农村在技术上具有较大的优势和可行性，而从潜在用户的规模和经济可行性的角度来说，农村移动服务也将带来显著的效益。

从农村移动服务应用的技术可行性来说，基于移动通信技术的相关应用在许多方面已经在城市得到了实际的普遍应用，这些在城市得到实践检验的移动技术应用多数可以扩展到农村地区，除极少数偏远山区网络不易覆盖以外，在技术上不存在特别大的障碍，同时在部分农村地区也已经得到了实际使用，因此从整体来说移动服务农村应用具有较强的技术可行性。相关的研究和实践表明，以移动通信网络技术为基础的农村移动服务可以为农业信息化提供多项相关的服务内容，具有较高的可行性。

1）较高的网络覆盖率和普及率为发展农村移动服务提供了良好的基础

农村移动通信网络因为其技术上的优势覆盖面较广，随着我国"村村通"工程的进展，移动通信网络在我国农村已经有了大范围的覆盖。除了较少数偏远山区移动通信网络尚未覆盖以外，绝大多数农村地区基本上都有了移动网络，而农村移动电话较高的普及率也表明当前农村移动通信网络的覆盖程度已经很高。较高的网络覆盖率为基于移动通信网络发展农村移动服务提供了良好的网络基础和技术准备。

2）各种移动技术类型可以为农村移动服务提供有力的支持

移动通信技术所支持的有关移动服务内容包括短信息服务、移动互联网服务、互动式语音应答服务及基于移动网络的定位识别技术等，均可以为农业和农村的信息化提供服务，而且许多服务当前已经得到了一定程度的开展。基于短信息的移动服务可以为农村提供信息发布、信息交流的平台；基于移动互联网技术的移动服务可以进行网络信息发布、信息搜索并可以支持进行无线的电子化交易活动；基于互动式语音应答的移动服务可以为农村生产生活提供方便的信息咨询服务的内容。通过移动数据存储和传输系统的支持，还可以进一步开发移动农业专家系统、移动农业信息网站。

3）在面向农村的应用方面，移动技术与其他信息技术相比具有突出的优势

与其他信息技术相比较，移动通信技术在农村应用具有突出的优势。基于移动通信技术的农业信息化还因为其操作的便利性、覆盖的广泛性、较强的移动性等方面的突出优势而更具现实的可行性。以移动通信技术为基础的移动信息服务和移动商务在农村地区也已经开始应用，中国移动和中国联通都开发了专门面向农村用户的相关业务。虽然在农业信息化建设中，各地也投入了大量资金建立诸如农业专家系统、专家热线、农业信息网站等，并推进了村村通计算机网络的工程，但是由于农村计算机拥有率极低，以及农民缺乏相关知识和技能的制约，目前许多设施和技术还没有真正发挥其作用，但是移动通信技术

由于已经具有较高普及率，应该可以在农业和农村信息化发展中发挥其重要作用。具体而言，移动通信技术与计算机网络及传统媒体如电视、广播等在其技术应用的特点上存在诸多方面显著的区别（表4-8）。

从这几种技术在几个方面的应用特点比较来看，移动通信技术在覆盖面、普及程度、使用难度、用户提供信息和接受信息、使用的便利性、互动性、移动性等方面存在较明显的优势，而在知识要求、使用成本和环境要求等方面也具有一定优势。移动通信技术的这些应用优势可以为其在农村更加广泛和深入的应用提供支持。

4）对农村和农业方面特色服务的技术支持

如在第1章中已经指出的那样，王志强和甘国辉（2005）、何绮云等（2006）及迟秀全（2006）的相关研究表明，移动技术可以支持面向农村和农业的各项特色服务，包括基于WAP的农业信息网站的开发建设、基于短信提供农村移动信息服务，而基于手机短信息服务还可以为农业信息化和农业电子商务提供技术支持。通过基于WAP的农业信息网站，农民可以直接通过手机上网查询、发布有关信息，而不必使用计算机设备。基于短信息服务的移动服务模式在城市地区和其他领域，诸如信息定制和信息互动等方面得到了较广泛的使用，通过短信息服务方式开展农村移动信息服务，提供面向农村和农业的移动信息服务内容也具有较强的现实意义，在技术上与面向城市和其他信息内容的服务的提供也没有实质的区别，只是在具体提供的服务内容上存在一些差异，因此基于短信息的农村移动服务在技术上也是可行的，将为解决农业信息化"最后一公里"问题的提供一种有效的解决途径。而当代农业的生产和管理过程中，移动通信技术还可以为信息农业和档案农业的建设提供技术上的有力支持，相关的研究表明，基于移动短信的方式进行田间数据获取也具有一定的可行性，这为采用便捷灵活的移动通信技术促进农业信息化建设提供了理论和技术上的支持。

4.3.3　我国农村移动服务应用的经济可行性

从经济可行性的角度，面向农村提供基于移动通信技术的农村移动服务只需要在现有移动通信网络上加载相关的服务内容，服务提供商需要额外付出的投资成本并不太高，另外，广大农村用户可以通过他们已经非常熟悉和普遍使用的移动终端直接接受农村移动服务，需要额外支付的费用也相对较低。正如上一小节的横向比较分析的结论，农村移动服务除了在技术上存在比较明显的优势以外，在经济可行性上也具有一定的优势，是解决农村信息化问题的有效途径。

（1）农村移动通信普及程度较高，农村移动服务具有良好的潜在用户基础。用户从目前的现实状况看，农民没有经济、技术与文化等方面的条件对农业进行全面的信息化投入和使用，但由于农民日常通信联系的需要，手机的应用已经得到很大程度的普及（2005 年年末全国平均已达到 50.2 部/百户），另外，由于移动通信运营商的大力建设和开发农村通信市场，绝大多数乡村已经在移动通信网络的覆盖之下，这为借助于移动通信网络推进农业和农村信息化提供了很好的基础。对于农村移动通信用户来说，由于移动终端操作相对简便，进一步成为更加深入的农村移动服务的用户的障碍并不明显，而如果要采用个人计算机接入互联网，从终端设备到用户操作技能等方面均存在较大的障碍，这是移动服务农村应用一个突出的优势。中国联通和中国移动两大移动通信运营商近两年在一些地区已经开始提供基于短信的农业和农村相关信息服务的尝试，并取得了一定的效果。

（2）移动服务的成本收益特征。从供给方的成本收益特征来看，农村移动服务供应商提供农村移动服务的成本包括开展移动服务的固定成本和可变成本，其收益主要来自对用户使用的收费。移动服务的开展实质上与一般信息产品的特征类似，借助于移动通信网络通过数字化方式开展服务，其固定成本相对较高，而可变成本极低，因为移动服务的技术和内容支持的平台一经建立就形成了较高的固定成本，这部分成本为沉没成本，而用户数量的增加并不会给供应商带来多少成本的增加。这样，供应商开展移动服务的收益实际上主要取决于收取用户的总的使用费用，只要有一定的用户数量就可以实现其经济效益。

从需求方的角度来看，对于已经拥有移动终端设备的农村移动用户，其使用农村移动服务所增加的成本主要是需要支付移动服务的使用费，而不需要额外的固定成本的开支，他们使用农村移动服务的成本主要取决于移动服务的定价，而主要收益是农村移动服务给用户带来的经济效益或效用。目前农村移动服务的主要目标用户是已经拥有移动终端的农村移动用户，因此用户进入的门槛相对较低，对于用户来说接受农村移动服务的经济可行性较高。

由于用户使用农村移动服务不需要额外投入的终端的固定成本，只需要支付服务使用费即按移动服务的定价支付的相应费用，技术障碍较低，服务提供商较低的服务定价带来一定规模的用户的可能性较高，因而实现其利益最大化目标的可行性也较高。

（3）规模经济角度的分析。由于农村移动服务供应的边际成本（MC）较低，而固定成本（FC）相对较高，对于农村移动服务提供商来说，农村移动服务具有明显的规模经济特征。规模经济通常以成本–产出弹性 EC 来计量，如式（4-4）所示。

$$E_c = \frac{(\Delta C/C)}{(\Delta Q/Q)} \qquad (4\text{-}4)$$

式中，C 为成本，Q 为产量，该式可改写为

$$E_c = \frac{(\Delta C/C)}{(\Delta Q/Q)} = \frac{(\Delta C/\Delta Q)}{(C/Q)} = \frac{MC}{AC} \qquad (4\text{-}5)$$

当 $E_c < 1$ 时，规模经济，当 $E_c > 1$ 时，为规模不经济。

又因为边际成本（MC）和平均成本（AC）的定义式为式（4-6）和式（4-7）：

$$MC = \frac{\Delta VC}{\Delta Q} \qquad (4\text{-}6)$$

$$AC = \frac{TC}{Q} \qquad (4\text{-}7)$$

式中，TC 为总成本，其构成如式（4-8）所示，其中，VC 为可变成本：

$$TC = FC + VC \qquad (4\text{-}8)$$

在当前已经建成的移动服务支持平台所能够提供的最大服务量下，FC 较高而 VC 较小，甚至几乎可以忽略不计，此时由 MC 和 AC 的定义式和规模经济的定义，有

$$MC < AC \qquad (4\text{-}9)$$

$$E_c = \frac{MC}{AC} < 1 \qquad (4\text{-}10)$$

因此，在一定的服务容量下，农村移动服务具有规模经济特征，移动服务提供商开展农村移动服务，随着用户数和服务量的增加，其规模经济效应比较明显。

4.3.4 我国农村移动服务的用户接受的初步探讨

以往信息技术接受的研究中，用户对信息技术的感知的易用性和有用性是影响用户对信息技术接受的两个得到最广泛验证的因素，农村移动服务的基本技术和内容特征符合易用性和有用性基本要求，为用户接受农村移动服务提供了良好的基础。

在当前移动通信技术支持下利用短信息、移动互联网等技术方式实现农村移动服务，对于用户的设备要求较低，目前一般移动电话都具有短信息收发功能，而越来越多的手机具有移动上网的功能，这为用户接受农村移动服务提供了基本的终端技术支持。

在手机上接受相关移动服务的基本操作也比较简便。基于短信定制和互动

方式实现的功能或者通过集成在手机卡菜单中实现有关功能，用户操作起来非常方便快捷，这也符合农村用户文化程度相对较低、对于复杂操作不太熟悉的特点，通过以对用户知识和操作技能要求低、易用性较强的技术方式提供农村移动服务，将更易于农村用户的接受。

农村移动服务可以为农村用户带来经济和生活方面的价值，有用性特征也较为明显。移动服务应用于农村和农业领域可以有获取信息、提供信息和参与购买（交易）三个方面的应用。由于目前移动通信还只是刚刚普及，在经济发达的城市移动商务的交易也还不太普遍，对于农村来说应用的可能性就更小了，所以目前面向农村的应用还主要是定位在信息服务方面，即提供信息和获取信息。获取信息方面，农民可以通过移动通信网络定制、接收生产生活相关的各种信息，包括与农业生产密切相关的天气信息、技术信息、农产品供求信息、生产资料信息、价格信息、生活服务信息等，这些信息可以由移动信息内容提供商提供，由移动服务提供商和移动网络运营商向农民发送，可以为农村用户的生产生活带来较大的实际价值；另外，农民也可以通过农村移动服务发布各种相关信息，包括农产品供应信息、劳务提供信息、技术服务信息，以及生产资源和资料供应信息等，使相关信息被更多的单位和个人所了解，可以帮助农民解决诸如"买难、卖难"、技术问题咨询及求职就业的困难等问题，具有较强的现实意义。农村移动服务的有用性越高，用户接受的程度就越高，提高农村移动服务的有用性需要相应服务商建设和完善信息发布和沟通交流的平台，农民或者相关单位和个人都可以把有关信息进行发布，服务商可以对相关信息进行撮合，或者通过网络搜寻相匹配的信息。

4.4　本章小结

本章通过现状分析和实证分析对当前农村信息化存在的问题进行了研究探讨。信息对于农业生产效益的提高应该具有非常重要的促进作用，然而根据统计数据进行实证研究的结论表明，当前农村信息化投入还没有对农业产出的提高产生显著的作用，这进一步说明现代信息技术目前还没有成为农村信息的主要来源，当前的农村信息化投入在用户实际接受和使用上存在问题。而由于移动通信技术的普及和它区别于其他媒体方式突出的移动性、便利性、灵活性等方面的优势，基于移动通信技术的农村移动服务应用正好可以解决当前农村信息化存在的问题，农村信息化和农村经济发展起到积极的促进作用。进一步的可行性分析也表明，农村移动服务应用的技术和经济可行性都较高，而农村用户对农村移动服务接受的可能性也较高。

第 5 章
农村移动商务技术任务匹配分析

第 4 章的研究表明，发展面向农村的移动服务具有良好的前景，是解决当前农村信息化发展中存在问题的重要措施。移动服务企业在开发农村移动商务市场时需要注意从用户接受的视角来考虑其移动商务服务内容的开发。移动商务服务企业包括移动终端生产商、移动运营商、移动内容提供商、移动服务提供商等。由于我国移动通信市场管理的特殊性，在我国移动市场上，极少数的几家移动运营商起到了寡头垄断的控制作用。在移动运营商的主导下，移动终端生产商、移动内容提供商和移动服务提供商之间存在一定的竞争。近两年来，随着农村移动电话普及率的迅速提高，这两大移动运营商开始重视农村市场的开发，推出了专门针对农村市场的移动商务业务内容。面向农村提供移动商务服务，目前实质上主要就是中国移动和中国联通两家企业之间的寡头竞争。

目前，我国主要的两大移动运营商——中国移动和中国联通都已经开展了面向农村的移动业务，在语音通话服务的基础上也开发了移动信息服务等增值业务，并且还设计了专门针对农村市场的新型业务方式和内容，对于它们具体实施情况的比较、分析和探讨有助于进一步做好面向农村的移动服务，促进农村信息化的发展。

5.1　面向农村的移动商务应用现状

中国移动推出的面向农村的移动服务内容以其"农信通"品牌为代表，而中国联通则以其推出的"农业新时空"品牌为代表，这两个移动服务品牌自 2006 年相继正式启用以来，分别面向我国农村地区开展了一些具有较强针对性的服务内容，已经拥有了一定的用户群并具有一定影响，对于我国农村信息化发展起到了一定的促进作用。

5.1.1 中国移动"农信通"

2006年10月中国移动将农村信息化的业务名称正式统一定义为"农信通"并注册商标，该业务是指基于手机等移动终端，通过短信、语音等多种无线接入方式，满足农产品的产供销、农村政务管理和农民关注的民生问题等信息化需求，帮助农民增加收入，保障农务畅通、方便了解民生信息，从而解决"数字鸿沟"问题，推进农村信息化。"农信通"又称"农村信息百事通"，是借助现代通信技术，通过整合报纸网络信息资源，与涉农单位密切合作，以手机短信、移动电话、WAP上网功能，不受时间、地点、经济等条件的限制，及时、有效地传递农业、科技等信息给广大农民朋友的服务系统。按照中国移动的品牌宣传，"农信通"是"政府部门和中国移动联合推出的，以助建社会主义新农村、服务'三农'为目标的信息化服务，通过短信、语音、互联网等方式提供政策法规、农业科技、市场供求、价格行情等信息，帮助农民增收致富，保证农务畅通，推进农村信息化"（www.12582.com）。"农信通"项目充分利用了农村地区移动网络覆盖率和移动通信终端设备拥有率相对较高的优势，通过各地政府与移动通信运营商的合作，采取"有线信息网络+信息机（农信机）+无线移动终端"的实现模式，搭建移动农网信息平台，实现信息发布、移动政务、信息互动等多方面功能，见图5-1。

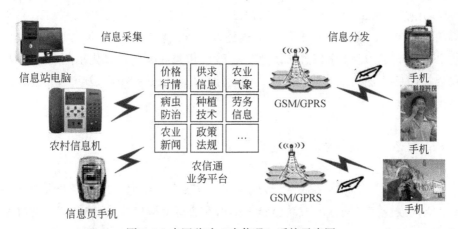

图5-1 中国移动"农信通"系统示意图

"农信通"的主要服务内容有：语音热线服务，用户拨打12582就可以进入热线，话务员可以联系专家就客户问题进行解答；主动推送式信息服务，与各地的农业信息员、村领导进行合作，了解当地农业需求，按需求组织各地农

内文字：

村长发送短信会议通知到农业信息机上，农业信息机转发给相应群组

全体村民注意了……

村长

信息平台

村支书

GSM/GPRS

农民经纪人

农户

ADC

农业信息机

全体村民注意了……

话筒

高音大喇叭

所有村民

图 5-2　农村信息机系统及应用场景

业信息部门和信息员合作来提供信息，通过农业信息机用短信息方式为农民推送信息（图 5-2）；手机上网，中国移动和 STK 卡厂商合作，专门制作农业卡，和县里的农业信息网站合作，把平台的信息整理完后传送到手机预制菜单上，这样就解决了农民的信息查询问题。

中国移动的报告显示，该公司于 2006 年 10 月在重庆市正式开通面向农村的移动信息平台，即"农信通"门户站点"中国移动通信农村信息网"，截至 2007 年上半年，完成"百千万"工程建设任务，包括 490 家涉农龙头企业信息化解决方案，1584 个信息化示范乡（镇）和 13 459 个信息化示范村的建设；截至 2010 年 4 月，中国移动全国"农信通"用户已达到 4647 万户（信息产业部，2008）。

5.1.2　中国联通"农业新时空"

2006 年 7 月，中国联通基于曾获 2005 年联合国突尼斯信息峰会大奖的四川"天府农业信息网"的成功经验，推出农业短信端口"10655586"，并在全国范围内建设以"农业新时空"为统一业务名称和统一业务平台，包括总部和分省的两级运营体系、信息同步的农业信息化服务平台。同过与百余家农业信息供应商联合，中国联通"农业新时空"主要以关注农村、关心农民、支持农业为理念，通过短信、语音、互联网等多种方式，提供政策法规、农业科技、市场供求、价格行情等信息，帮助农民增收致富，保障农务畅通，推动信

息落地入户。"农业新时空"通过整合中国联通覆盖广大农村的移动网络、数据网络和互联网等资源，通过手机、人工呼叫中心等多种终端，将乡镇信息员、农业信息采编人员及各内容提供商提供的农业信息以短信息、语音服务和移动互联网等方式及时传递到农民的手中；通过在乡镇或大的农产品批发市场设立信息站的方式，由信息站的信息员及时准确地收集当地农业信息，为用户提供贴近农村的信息服务（图5-3）。农业新时空是面向农民的一项专业化信息服务，整合了多部门资源，通过互联网、语音、短信、专家坐诊等方式，将农村政策及农技、农贸、供求等方面的农业信息及时传递到农民手中。中国联通"农业新时空"项目2006年年底已覆盖全国26个省份，计划到2008年年末，建设10 000个信息站，服务1000万农户。联通农业新时空门户网站以统一域名 www. 10109555. com 作为全国涉农信息中心与管理中心，实现以下主要栏目：各地价格行情、供求信息、用工信息、新闻快讯、农业技术、致富信息、招商引资和劳务培训等，在门户网站上为各省份分公司开辟了特色化的省级分频道。

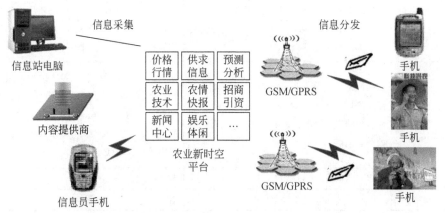

图 5-3　中国联通"农业新时空"系统示意图

中国农村信息化建设最突出的困难是解决信息传输"最后一公里"问题。调查显示，农村信息传播还是以传统传播方式为主。解决"最后一公里"问题，移动通信在农村比计算机更具优势，因为其渗透率更高，使用方便。两大移动运营商推出的农村服务品牌恰好满足了农民了解市场信息的需求。移动运营商积极推进的这两项业务也是"村村通"工程的重要业务支撑手段。移动运营商推出农村信息化服务不仅具有较好的社会效益，也能获得一定的经济效益，推出适合农村需要的信息服务必然会对加速拓展农村市场有所帮助，这在城市通信市场日渐饱和的今天显得尤为重要。

对于"农信通"和"农业新时空"这两个面向农村的移动服务品牌的基本情况的详细归纳见表5-1。

表 5-1　农信通和农业新时空基本情况比较

品牌	"农信通"	"农业新时空"
开通时间	2006 年 10 月 26 日	2006 年 7 月 26 日
终端设备	手机（专用手机卡）、农业信息机	手机（专用手机卡）、电话机
实现方式	短信、WEB、WAP、IVR	短信、WEB、WAP、IVR
门户网站	www. 12582. com	www. 10109555. com
接入号码	12582	10655586
服务内容	政策法规、新闻快讯、农业科技、价格行情、市场动态、农业气象、供求信息、劳务信息、农家百科等全国和各地业务合计 5354 条	供应信息、求购信息、价格信息、农业技术、农情快报、休闲娱乐、预测分析、致富信息、用工信息、产品推荐、新闻资讯、政策法规、项目合作等合计 887 条
应用模式	信息网络+农信机+移动终端	信息网络+移动终端
资费	点播短信 0.1 元/次，短信及语音包月套餐中"政策法规"和"预警信息"免费，其余每项均为 2 元/月	天气和政策法规等部分栏目免费，其他多数 2 元/月，部分 3 元/月或 5 元/月，因栏目内容和区域有所不同
门户分站点覆盖范围	包括广西、重庆、四川、贵州、云南、西藏、陕西、甘肃、青海、宁夏、新疆、江西、内蒙古、海南、浙江、河北、上海、山西等省站点	四川、北京、贵州、甘肃、山西、黑龙江、河南、新疆、青海、陕西、辽宁、宁夏、上海、吉林、山东、内蒙古、云南、广东、广西、湖南、江苏、福建、海南等省份站点
用户规模	至 2007 年 9 月 3043 万户	至 2007 年 6 月 500 万户
信息来源	CP、SP、农业信息站、信息员	CP、SP、农业信息员

注：相关信息和数据整理自"农信通"及"农业新时空"门户网站及中国移动和中国联通两公司有关介绍材料

5.2　两大农村移动商务品牌比较分析

中国联通和中国移动在 2006 年面向农村分别推出的移动服务品牌在服务内容上存在许多方面的相似性，同时也各具特点。根据表 5-1 中的内容分析和归纳，以及两个品牌的门户站点提供的详细信息，可以对两个品牌从几个方面进行横向比较。在业务推出时间上，两个品牌的推出时间均在 2006 年下半年，考虑到各自经历一段时间的试运行期，基本上不分先后；它们正式启用的区域也非常接近，前者是基于四川农业移动信息网的成功而建设起来的，而后者则在重庆正式启动；信息产业部在《关于 2006 年度自然村村通工程和电信企业推进农村信息化试点工作的指导意见》中将这两个项目建设作为中国移动和中国联通参与试点工作的主要安排内容；两者目前已经实现的覆盖范围也具有很大的重复性，这些相似性的特点表明这两个品牌具有较强的替代性，从而决定了这两个品牌如同其各自所属的移动运营商一样在业务内容和服务领域上具有较强的竞争性。由于这两个项目都列入了国家"村村通"工程的试点建设的安排，它们都得到中央和各地方政府一定的支持。

5.2.1　技术和终端实现方式

两个品牌的技术实现方式基本一致。在实现方式上，目前农信通和农业新时空主要基于移动通信技术支持的短消息方式提供信息服务，同时也有基于互联网的门户站点及通过各自统一的呼叫号码提供声讯服务。这几种技术实现方式的使用比较方便，但使用最广泛的还是基于短信息方式提供的服务，这与我国移动商务的整体发展和农村用户的文化水平和知识结构有密切的关系。由于网络基础设施和用户接受程度及使用成本的制约，基于移动互联网方式的农村移动商务模式的广泛使用可能还需要相当长的时间。在技术基础上，两大农村移动服务品牌基本上具有相同的特点。

两个品牌终端设备略有差异。在农村移动终端设备上，"农信通"和"农业新时空"均推出了面向农村设计的农用手机 SIM 卡并得到了一定程度的使用，将面向农村的有关业务内容以菜单方式集成在手机卡中或者集成有专门的浏览器（图 5-4），这样使得农村用户使用起来更加方便快捷，符合农村用户对于易用性较高的现实要求，较好地促进了农村用户的接受和进一步使用。在基层信息站上，二者使用的终端有些差别。中国移动"农信通"将农业信息站建到行政村一级，同时将合作经济组织、专业户等纳入也其中，而中国联通农业新时空信息站目前主要建在乡镇及一些条件较好的行政村，二者在信息站所使用的终端设备也有所不同。中国移动农信通在用户移动终端手机的基础上，专门开发了农业信息机（图 5-4、图 5-5 和表 5-2），在建设信息站的过程中发放到各信息站负责人或者村委会，该信息机可以进行信息接收、信息发布、短信群发和信息上报等工作，由于专门针对农村信息站开发，其操作比较简便易用。中国联通目前主要采用手机为基本用户终端，而信息站则通过个人计算机进入农业新时空平台进行相关操作。

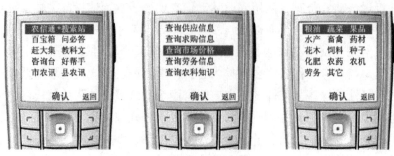

图 5-4　农用手机卡菜单选择示意图

图 5-5　农信通农业信息机

表 5-2　"农信通"不同用户的终端配置

对象	高配	低配
行业应用需求部门如畜牧局、检测终端	专有行业终端（动物溯源、雨量检测、鱼塘检测、气象探测、温室监控等专用终端）	
村委会/村长、支书	农村信息机	
种养运销大户	定制终端	支持 OTA 的 STK 卡
农户	支持 OTA 的 STK 卡	普通终端

注：OTA（over-the-air）空中下载技术是基于短消息机制，通过手机终端或服务器（网上）方式实现 SIM 卡内业务菜单的动态下载、删除与更新，使用户获取个性化信息服务的数据增值业务；STK（SIM Tool Kit）用户识别应用发展工具，是在 GSM 手机使用的大容量 SIM 卡中开发的应用菜单。它允许基于智能卡的用户身份识别模块（SIM 卡）运行自己的应用软件

5.2.2　服务内容比较

　　农信通和农业新时空的信息服务内容大致相同。目前它们都以基于短信息、互联网及语音服务方式的信息服务提供为主，涉及的相关信息主要包括政策法规及新闻类信息、气象和农业技术类信息、农产品供求及价格类信息、娱

乐和就业等其他类信息，在各信息栏目以下有若干具体信息类别，不同地区信息类别也存在一定差异。例如，农业新时空提供了面向全国和各地区的各类具体信息栏目共 887 个，供广大用户以点播或者包月方式定制，而农信通提供了面向全国和各地区的具体信息业务栏目共 5354 条，供用户定制。从表 5-1 的比较中可以看出，两大品牌提供的服务的资费标准有差异，但整体差异不大。另外两大品牌的主要信息来源基本相同，都是来自于各自信息站、各级政府机构、有关内容提供商和服务提供商。在业务发展和应用的过程中，两公司都非常注重与政府部门、农业技术机构等的合作，一方面可以得到大量有关信息的支持，另一方面在业务推进时也更加方便。

农信通和农业新时空在服务内容方面也存在一些差异。农信通在村一级的信息站还支持当地村务信息、农务信息的传播，为有关信息的传达、通知及村集体内部沟通提供了一个便捷的渠道。农业新时空提供的信息内容中有一大类为市场预测信息，这类信息对于农民进行农业生产和农产品销售的决策具有较强的指导意义。另外农业新时空还提供了可以进行网上交易的平台——电子商务中心，虽然目前还在测试之中并没有正式启用，但其已经为农业新时空业务的进一步深入发展提供了基础。

5.2.3　农信通和农业新时空的应用特色

中国移动总裁王建宙曾经指出，"农村市场是广阔的蓝海"，而在农村移动商务应用市场中，两大运营商的竞争其实已经展开。从上述对于农信通和农业新时空的比较中可以看出，这两个品牌的业务内容之间的差异并不显著，而各自在农村市场取得尽可多的用户群体和市场优势的竞争将随着农村移动通信普及程度的提高而逐渐变得激烈起来。中国移动由于其移动通信行业的先行优势，拥有覆盖面较广的通信网络和庞大的农村用户群体，而中国联通在用户数量和无线网络覆盖上虽然相对落后，但其作为同时经营固定电话和移动电话的电信运营商，在通信产品的多样性上又具有一定的优势。从上一节对农信通和农业新时空二者业务内容的分析中，可以发现它们之间也存在一定的差异和具有各自比较鲜明的特点。

强调信息服务，积极推进村务信息化是中国移动农信通的突出特点。具有移动行业先行优势在农村市场领域也得到了一定的延续，中国移动农村网络建设较早，覆盖面广，拥有农村用户数量较多，这为开展农信通业务提供了良好的基础，可以通过移动通信业务延伸的方式很方便地将原有的大量农村移动通信用户直接转换为农信通用户。针对广大农村用户各方面的信息需求，农信通业务通过大量村级信息站的建设和农业信息机的应用，为涉农政务信息、村务信息、农务信息的传递和交流提供了方便快捷的支持服务，在行政村一级初步实现了村务信息化的转变。

积极发展农业市场信息化是中国联通农业新时空的显著特色。在我国农业移动信息服务方面，中国联通是开展最早的，早在2003年，中国联通就在服务内容上更加突出了对于农民具有现实价值的农产品和农资供求、交易和行情预测等方面信息的提供，为农民生产经营决策提供了更好的支持服务，同时为涉农产品的电子化交易做好了平台准备。这些与农业生产经营直接相关的信息和服务的提供为农民带来了直接的经济效益，提高了农民收入，对于农村经济发展和信息化建设具有较强的现实意义，也更容易为广大农民所接受。

5.3　基于任务技术匹配的农村移动商务采纳分析

中国移动农信通和中国联通农业新时空这两大品牌业务已经在农村得到了应用，而它们这样在移动通信网络基础上应用移动商务技术是否符合农村居民生产生活，特别是农业生产经营的实际需要，将影响到农村移动商务的进一步深入发展。上一章的研究表明，当前基于计算机网络方式的农村信息化模式存在比较突出的问题，移动服务将是解决这一问题的有效途径，而移动商务技术是否适合农村信息化的需要，还需要进一步深入地分析。在对两大农村移动应用品牌进行分析的基础上，根据第2章在理论综述和分析构建的任务技术匹配的分析框架下探讨移动商务技术与农村用户特征，以及对农村生产经营的匹配和支持的分析，有助于我们进一步了解农村移动商务的采纳，为改进当前农村移动商务的应用绩效提供思路。

古德胡和汤普逊（Goodhue and Thompson，1995）及兹格斯和巴克兰（Zigurs and Buckland，1998）对 TTF 理论的相关研究发现，一项信息技术的特点如果能与任务需求相匹配，它将有效发挥作用，提高完成任务的绩效，也会促进该技术的使用，对于用户来说，技术和任务的匹配是决定技术使用的关键因素。李等（Lee et al.，2007）的相关研究还表明，使用者特性也会显著影响到移动商务的技术和任务之间的匹配。基于 TTF 理论，本研究分别分析农业生产经营的任务特点和移动商务技术特点及农村用户的特征，然后对其匹配程度进行探讨。需要注意的是农村移动商务服务并不仅限于对农业生产经营活动的服务，如前所述，相关信息内容还包括就业信息、娱乐文化生活等信息，当前农村生产经营也不限于农业生产经营，出于研究的典型性的考虑，本研究仅围绕农业生产经营任务展开。在第1章基于 TTF 理论提出的农村移动商务任务技术匹配分析框架的基础上，将农村生产任务特点和移动商务技术特点及农村移动用户特征展开，建立如图5-6所示的农村移动商务任务技术匹配研究模型。

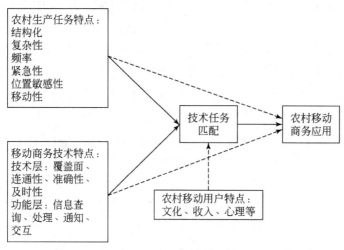

图5-6　农村移动商务任务技术匹配研究模型

5.3.1　农业生产经营任务特点

兹格斯和巴克兰1998年的研究指出，任务是使用给定信息通过某些过程完成一定目标的行为要求。根据相关文献和本研究的目的，对于农业生产经营的任务特点主要从工作的结构化、工作的复杂性、工作发生的频率、时间紧急性、位置敏感性及移动性等几个方面加以衡量。

结构化指的是工作任务的类型是属于确定性较高的简单操作型的高结构化任务类型，还是涉及较大不确定性的高度非结构化的任务类型；工作的复杂性从任务属性分析的角度看其是否具有多层次或者由多个部分构成，内部是否存在复杂的联系及这些联系是否存在动态的变化；发生的频率指在时间上特定任务重复发生的程度；时间紧急性指需要立即采取相应行为的重要性；位置敏感性强调任务在不同地理位置上要求的差异性不同；移动性指的是在完成任务过程中需要在位置上发生的变化。

农业生产经营工作通常首先需要根据当地自然环境条件选择生产品种内容，根据品种生长特性决定进行生产准备和实施生产，在生产过程中需要根据品种的生长特点、环境条件的变化进行生产管理活动，最后在生产过程完成后进行生活生产后的销售和交易活动。在这一系列过程中，农业劳动者的行为具有较高的结构化和相对较低的复杂性，即根据相关约束条件如自然环境、技能准备、资金能力等，决策生产什么、生产多少、如何生产，以及到哪里销售，以什么样的价格销售；农业生产依赖于一定的自然生长过程，需要一定的时间，因此农业生产和销售活动进行的频率一般不太高；而因为农业生产和销售对于地域条件、自然气候及时间变化具有一定的敏感性，在时间紧急性和位置敏感性上也通常较高，需要及时作出决策，在合适的时间地点进行生产和销售活动，否则可能错过良好时机；一般农业生产因依赖于特定的自然资源和环境，其移动性不高，而农产品销售工作因为需要参与到流通领域的活动，具有较高的移动性特征。分析结果汇总见表5-3。

表5-3 农业生产经营工作任务特性分析结果

工作任务特性	分析结果	
	农业生产	农产品销售
结构性	较高	较高
复杂性	较低	较低
频率	中	中
时间紧急性	较高	较高
位置敏感性	高	较高
移动性	低	较高

5.3.2 农村移动商务的技术特点

移动商务技术具有覆盖面广、移动性好、及时连接、互动性、个性化等方面的特点。对于移动技术在农村应用来说，对其技术特性的分析从技术和功能两个层面来分析。除上述移动商务技术的一般特点外，在技术层面上，目前基于移动通信网络的农村移动商务系统需要从系统的覆盖面、系统联通性、数据的准确性、及时性等方面加以分析，而在功能层面上，主要从信息查询、数据处理、信息发布、信息交互等几个方面对目前农村移动商务系统农信通和农业新时空的特点加以分析，具体分析结果见表5-4。

技术层面上系统的覆盖面指的是该技术系统所覆盖的地域范围；系统连通性指网络连接的质量，即是否通畅；数据的准确性强调技术系统能否保障数据信息在存储和传输过程中不发生错误，而及时性则强调信息反馈的速度。

表 5-4　农村移动商务技术特性分析

农村移动技术特性要素		分析结果
技术层面	系统覆盖面	两大移动运营商的农村网络覆盖率存在差异，除偏远山区外，一般农村地区整体覆盖率很高
	系统连通性	农村地区网络以 GSM 网络为主，短信息系统连通性较好，GPRS 和将来的 3G 系统能较好地支持对于移动网络数据传输的需要
	数据准确性	移动通信网络技术平台的数据库可以保障进入系统的数据在存储和传输过程中的准确性
	及时性	短信息和移动数据传输可以支持信息交流传递的实时化，保证及时性的需要
功能层面	信息查询	通过短信点播或定制及 WAP 访问或语音服务等可以方便地查询、获取有关气候信息、供求信息、技术信息等
	数据处理	系统中目前还没有开发对数据进行进一步处理的功能，仅以数据存储、传输为主
	信息通知	通过短信群发、定时或不定时向目标用户群体发布预定的有关信息内容
	信息交互	通过门户站点、信息站、短信息和语音服务可以支持信息的交互，如农业技术信息的咨询服务，目前这方面功能开发还不够，如对于在线交易的支持还没有正式应用

功能层面上，信息查询是技术提供对于信息需求的反馈能力，这与存储的信息及信息的动态获取和更新有关；数据处理指对于数据信息的进一步加工的功能；信息发布指技术支持面向目标个体或群体推送特定信息的功能；信息交互指进行及时反馈，实现信息的双向沟通的功能。

从目前农村移动技术的特点分析来看，其作为信息传递的平台对于一般信息存储和传输可以很好地支持，而在深入的应用上还有待进一步开发，另外需要注意的是数据和信息的准确性在根本上还取决于进入系统的数据信息的质量，这将直接影响到系统实际的应用效果。

5.4　农村用户特性及移动商务任务技术匹配分析

使用者的个人特征包括人口统计学特征（如性别、年龄、文化水平等）、信息技术使用经验、心理因素（认知模式、个性特征）对移动商务任务技术匹配和使用也具有显著的影响作用。对于我国农村用户来说，作为移动技术使用者，体现在人口统计学上的突出特征总体来说有：文化教育水平相对较低、对于信息技术的使用经验不足、收入不高、在行为认知上相对比较务实、注重实用性，同时更容易受到以往经验和周围人意见的影响，这对于移动商务农村应用提出了易用、方便、实用、廉价等方面的要求。

目前，两大运营商推出的面向农村的移动商务应用基本符合了农村用户个人特征的需要。农信通和农业新时空都提供了部分免费的信息服务内容，付费内容的价格一般也比较低廉；对于使用成本上相对较高的终端设备手机的购置方面，目前也已经有了一些价格便宜、功能简单实用的机型供农村用户选择；专门设计的农用手机卡为定制、查询信息也提供了更加方便快捷的途径。这些技术应用和服务推广方面的措施将会对农村用户的使用起到积极的促进作用。

对任务技术匹配的分析，重点考虑任务实现的需要及技术对任务的支持程度。当前以短信息服务方式为主的农村移动商务技术对于农业生产工作任务实现的支持情况可以从生产的不同阶段加以分析，见图5-7。农业生产活动可以细分为生产前决策和准备、生产中的控制和管理、生产后的销售这几个不同阶段。在生产实施前，农户需要根据自然条件结合市场需求和价格预期等进行生产安排的决策和生产资料的准备，这一阶段需要查询了解供求信息、行情预测、农业技术信息和农资信息，这些信息可以通过信息查询从移动信息服务平台获取，由于农业生产一旦开始，一般不容易改变生产内容，因此这一阶段的决策相关信息的支持特别重要。

农业生产过程中，需要根据农时、气候开展农业生产管理活动，如病虫防治等一系列农业劳动。这一阶段需要掌握天气变化、农业技术动态，需要对生产中出现的各种情况及时准确地采取应对措施。农村移动信息服务平台可以根据信息站、信息员收集、上报有关动态，由农业技术专家、农业决策支持系统或者农业专家系统提供应采取的农业生产措施的技术信息，利用移动网络的定位功能及时信息通知方式通知农户。这一功能在出现如病害流行、天气突变等异常情况时，可以及时有效地通知用户，有效应对、减少损失，在一般情况下可以提醒用户做好生产过程管理以提高生产效益。

在农业生产后期，多数农产品需要进入流通领域以实现其价值，这时及时准确的市场供求信息、价格信息可以有效帮助农户作出正确的销售决策，实现收入的最大化。将来在农村移动商务平台上提供的交易中心还可以支持农户直接进行远程交易，实现交易过程的信息化，还可以有效解决农户参与交易不方便、在农产品交易中往往处于弱势地位及信息不对称的问题。

总的来看，目前基于短信息服务的农村移动商务系统与农业生产任务的匹配度较高，也符合当前农户的个人特征，这样的良好匹配可以为农业生产的顺利展开提供有效的支持，优化农业生产结构，提高农业生产管理的科学化，最

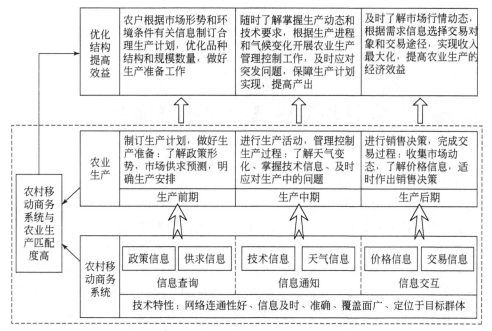

图 5-7 农村移动商务系统与农业生产匹配分析图

终促进农业生产效益的提高,为农民增收创造了良好的条件。移动服务商开发面向农村的移动商务服务内容是解决当前所谓农业信息化"最后一公里"问题的重要措施,也必将有助于农业和农村的信息化和现代化的早日实现。

5.5 本章小结

本章对我国农村移动商务的两大应用项目中国移动"农信通"和中国联通"农业新时空"进行了案例分析,并基于任务技术匹配理论的分析框架对移动商务技术和农业生产进行了匹配分析。目前这两大品牌通过以信息服务为主的方式开展推进农村移动信息化取得了较大的进展,它们提供的主要服务内容比较接近,同时也各具特色。在此基础上基于任务技术匹配理论框架的分析表明,目前农村移动商务技术对于农业生产经营活动的全过程起到了良好的支持作用,同时也与农村用户特征相符合。移动运营商和内容提供商、服务提供商在农村移动商务技术应用的深度和广度上的进一步开发将有利于提高农村居民生产经营经济效益,促进农村信息化和现代化的发展进程。

第6章
农村移动服务接受实证研究

虽然在农业信息化建设中，各地也投入了大量资金建立诸如农业专家系统、专家热线、农业信息网站等，并推进了村村通计算机网络的工程，但是由于农村计算机拥有率极低和农民缺乏相关知识和技能等多方面因素的制约，目前许多设施和技术还没有真正在农村经济生产中发挥其作用，而移动通信技术由于已经具有较高普及率和使用的便利性将会在农业和农村信息化发展中发挥重要作用。由于农民日常通讯的需要，手机的应用在农村已经比较普及，而且因为移动运营商的大力建设，绝大多数农村已经在移动通信网络的覆盖之下，这为借助于移动通信网络提供农村移动服务，推进农村信息化提供了很好的基础。基于移动通信技术的农业信息化还因为其操作的便利性、覆盖的广泛性、较强的移动性等方面的突出优势而更具有经济和技术上的可行性。近两年来以移动技术为基础的移动服务在农村地区已经开始应用，中国移动和中国联通都开发了专门面向农村用户的相关业务，它们正在许多省份推进基于短信方式为主的农村移动服务应用。

虽然移动通信服务在农村得到了相当程度的使用，但仍然存在使用成本和易用性等方面的问题。本课题研究的调查结果显示，农村手机用户对于当前移动通信运营商和服务商提供的有关服务有一定程度的了解和使用，而移动服务使用的成本和易用性是农村用户认为比较突出的问题。目前农村基于计算机的信息化模式存在一些短时期难以克服的问题，而移动信息服务的使用已经具备一定的应用基础条件，基于这一基本判断，当前要提高农业信息化应用的实际效果，在移动通信网络的基础上发展面向农业和农村的移动信息服务将是一个比较有效的解决方案。本研究希望通过调查和实证研究，进一步探讨当前农民对于移动信息服务的接受行为的特点及其主要的影响因素。

6.1　影响农村移动信息服务接受的因素

移动商务接受问题的研究中，许多影响因素的确定都基于前述有关基础理论的指导，同时考虑到移动商务应用的具体特点及研究主题的差异加以修改和补充。现有相关研究文献中采用的主要影响因素除 TAM 及其扩展模型中感知的有用性和感知的易用性之外还有许多其他因素，而且不同的研究者、运用不同的理论基础选用的主要影响因素的差异也比较大。第 2 章文献综述归纳了现有移动商务接受研究中提及影响移动商务接受的各种主要影响因素（详见表 3-5 和表 3-6），也探讨了构建一个从用户视角研究农村移动服务接受的基本理论模型，即在 UTAUT 模型的基础上引入相关的影响因素而形成一个新的整合模型。

UTAUT 模型的主要构成要素包括绩效期望、努力期望、社会影响、便利条件、行为意向和使用行为。该模型认为信息技术的使用行为受到行为意向和便利条件的影响，而行为意向的主要影响因素包括绩效期望、努力期望和社会影响等，此外还有年龄、性别、经验和自愿使用等因素在模型中起到调节作用。本研究在 UTAUT 模型的主要因素的基础上引入了成本、信任和满意等相关影响接受行为的因素，构建了农村移动服务接受研究的整合模型。

根据理性行为理论和技术接受模型的理论和实证研究，用户的使用行为受到用户使用的行为动机和意向的显著影响，在农村移动信息服务的接受过程中，农村用户对移动信息服务的行为意向是农村移动信息服务使用行为的主要影响因素。从理性行为理论的角度开来看，农村用户对移动信息服务的行为意向是导致用户接受和使用移动服务的主要的行为动机。从行为意向到使用行为的这样一种心理行为的逻辑联系在技术接受的研究中已经被普遍采用并得到了大量的实证检验的支持。文卡特西和莫里斯等 2003 年在对多种理论模型进行研究的基础上也明确论证了这一关系（图 6-1）。

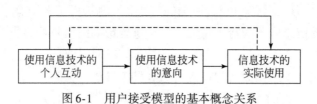

图 6-1　用户接受模型的基本概念关系

对于我国广大农村地区的移动用户来说，他们的对移动信息服务的使用行为也是由相应的使用意向所引起的，其基本行为特征也是符合理性行为理论和技术接受模型研究的基本逻辑的，因此本研究将农村移动信息服务的行为意向作为农村移动信息服务使用行为的主要影响因素。

在 UTAUT 模型的框架下，使用移动信息服务的绩效期望、努力期望和社会影响是行为意向的主要影响因素。文卡特西和莫里斯等在对八种技术接受相关理论的比较研究和归纳的基础上定义绩效期望为"个人感觉使用系统对工作有所帮助的程度",这一概念是在综合了多种相关理论模型中相似因素的基础上提出的,包括感知的有用性(源于 TAM/TAM2 和 DTPB 等)、外在动机(MM)、与工作相适应(MPCU),相对优势(IDT)和结果期望(SCT)等在内,这些因素的相似性也得到了许多学者的公认。这些因素在大量的理论和实证研究中被证明对于行为意向具有显著的影响作用,对于农村移动信息服务来说,绩效期望是对移动信息服务所能提供的信息和服务内容的有效性的预期,本研究采用农村移动信息服务使用的绩效期望作为行为意向的影响因素。

文卡特西和莫里斯把努力期望定为使用系统的容易程度,或者说是个人使用系统所需付出努力的多少。这一个概念是综合了 TAM 和 TAM2 中的感知的易用性、MPCU 中的复杂性和 IDT 中的易用性而引入的。这些要素的对于行为意向的影响作用也得到了大量研究的验证。由于我国农村用户文化程度相对较低,现代信息技术的知识有限,掌握的使用技能不高,因此适合他们使用的移动信息服务应该要求更加容易使用,努力期望将是其使用意向的重要影响因素,这与相关调查得到许多农民认为不会使用是妨碍其接受和使用现代信息技术的主要原因之一的结果也是一致的。

文卡特西和莫里斯指出社会影响是指个人感觉重要的其他人认为他应该使用新系统的程度,是个人所感受到的受周围群体的影响程度。作为行为意向的重要影响因素,社会影响这一因素和 TRA、TAM2、TPB 和 DTPB 中的"主观规范"、MPCU 中的"社会因素"和 IDT 中的"形象"等表达的含义是一致的。我国农村居民的传统习惯中非常重视长辈、亲属、邻里和朋友等社会人际关系的作用,而所谓形象也与我国传统文化中的"面子"观念很相似,因此我国农村移动信息服务的行为意向的一个重要影响因素是社会影响。

便利条件是个人认为已有的组织和技术基础对系统使用的支持程度。这一概念的形成包含了感知的行为控制(TPB 和 DTPB)、便利条件(MPCU)和兼容性(IDT)等含义在内。UTAUT 模型研究认为便利条件是影响使用行为的重要因素。对于农村移动用户来说,便利条件包括技术因素如移动网络的覆盖情况和信号的质量等,也包括个人拥有的相关条件如移动设备的拥有情况及相关知识技能上的准备。这些移动信息服务使用的相关基础条件将会影响到对于移动信息服务的实际使用行为。

由于我国农村居民收入相对较低,其在消费过程中可能对于价格因素会比较敏感。问卷调查的结果也显示没有购置计算机等现代信息技术设备的一个主要原因就是价格太高。因此本研究考虑基于微观经济学中的需求理论,将使用农村移动信息服务的成本（即价格因素）作为影响行为意向的重要因素。如前面综述总结的那样，在移动商务接受的相关研究中也多次将成本费用作为影响移动用户接受和使用的一个重要因素。从技术接受模型的相关研究来看，前面综述部分也提到过以往技术接受模型的研究都假定是在一定的组织环境中的个人用户，技术的获取和使用的费用不需要个人承担，而移动商务特别是对于农村移动信息服务来说，显然这一点是不符合的，因此成本因素在接受行为研究中不可或缺的重要因素。

移动信息服务是基于移动通信技术的虚拟化服务，以提供虚拟化的信息为其主要的服务内容，对于类似这样的服务的接受，Lin 和 Wang（2005）、Lu 和 Zhou（2007）等指出用户在心理上的信任具有非常重要的地位。在无线的环境下对于安全和隐私的考虑及无线移动系统和移动服务提供商的可信度是建立用户信任的重要基础。农村用户使用与传统商品和服务交易方式存在显著区别的虚拟化的信息服务时，信任因素将对其接受行为起到重要的影响作用。

相关的研究证明对移动服务的满意度是影响用户接受和使用移动商务的重要因素。在移动技术的互动过程中感受到的满意结果会促进对于接受移动商务的态度。对于目前农村移动信息服务用户来说，对于移动服务的满意主要源于以往使用移动服务的行为，是对于移动服务提供商的满意，包括其提供的内容、服务的价格等方面的因素。

6.2 农村移动信息服务用户接受研究模型

移动商务应用于农村和农业领域也可以有获取信息、提供信息和参与购买（交易）三个方面的应用，由于目前移动通信还只是刚刚普及，在经济发达的城市移动商务的交易也还不太普遍，对于农村来说移动交易应用的可能性就更小了，所以目前面向农村的应用还主要是定位在信息服务方面，即提供信息和获取信息。获取信息方面，农民可以通过移动通信网络定制、接收生产生活相关的各种信息，包括与农业生产密切相关的天气信息、技术信息、农产品供求信息、生产资料信息、价格信息、生活服务信息等。这些信息可以由移动信息内容提供商提供，经由移动服务提供商和移动网络运营商向农民发送。另外，农民也可以发布各种相关信息，包括农产品供应信息、劳务提供信息、技术服务需求信息和生产资料需求信息等，这需要由相应的服务商提供一个信息发布和交流的平台，农民或者相关单位和个人都可以把有关信息进行发布，服务商可以对相关信息进行撮合，或者通过网络搜寻与之相匹配的信息。

农村移动信息服务接受的主要影响因素在上一节已经进行了探讨，在

UTAUT 中，四个关键要素导致使用意向和行为，这四个要素是绩效期望、努力期望、社会影响和便利条件。作为 TAM 模型的新发展，UTAUT 模型因为其综合了相关理论并且得到了相关实证研究的支持被研究界普遍肯定，因此本研究中以 UTAUT 模型为主要的模型基础。在 UTAUT 中导致使用意向和行为的核心变量包括绩效期望、努力期望、社会影响和便利条件。为结合农村用户移动信息服务接受行为的特征，还需要在此基础上加入其他重要的相关影响因素。根据 UTAUT 模型的主要结构及相关研究，基于上一节对农村移动信息服务接受影响因素的讨论，本研究模型在 UTAUT 模型的基础上增加了成本、信任和满意三个变量，提出如下九项假设，并假设地区差异作为影响行为意向的调节变量，见图 6-2。

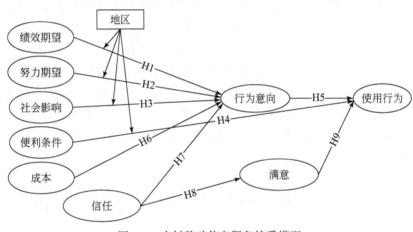

图 6-2　农村移动信息服务接受模型

基于 UTAUT 模型提出以下假设。

H1：感知使用移动信息服务的绩效期望对于使用意向有显著的正向影响。绩效期望的含义是用户感知到的移动信息服务的有用性，是对因为使用移动信息服务而可能带来的工作绩效的提高的预期。

H2：感知移动信息服务的努力期望（易用性）对使用意向有显著的影响。努力期望主要指的是使用移动信息服务的难易程度，是对于使用所需要付出的努力的预期，为便于分析这里用其反向的衡量指标即易用性来代替，本假设即为易用性对使用意向有显著的正向影响。

H3：社会影响对于使用移动信息服务的意向有显著的正向影响。社会影响表示的是个人使用移动信息服务的决策行为受到家人、同事、朋友等周围其他人的态度看法的影响程度。

H4：使用移动信息服务的便利条件会促进用户的使用行为。便利条件是指个人在使用移动信息服务方面拥有的设备资源知识技能等方面的条件，使用行为主要通过对使用移动信息服务的预期来测量。

H5：使用移动信息服务的意向会显著促进对于移动信息服务的使用行为。

此外，相关的调查和研究表明，在农村用户的移动信息服务接受过程中，其他一些因素也在其中起到重要作用，因此将其加入到模型中来，提出如下假设。

H6：移动信息服务的使用成本对于用户的使用意向起到负面作用。成本因素是农村用户接受的一个重要影响因素，因此，将成本作为影响使用行为意向的一个重要变量。

H7：对于移动信息服务的信任可以促进使用移动信息的行为意向，在移动技术支持的无线环境下信任是影响行为态度或意向的一个重要因素。信任表示对于移动信息服务的信任。

H8：对移动信息服务的信任对于使用移动服务的满意有促进作用。满意衡量对当前运营商、服务商所提供的服务的满意度。

H9：对于当前使用的满意也会显著影响到日后的使用意向和使用行为。

由于模型中的主要变量都是表示感知特征、态度、意愿及预期行为的潜变量，不能够直接观测和调查得到，而必须通过涉及相关的问题进行测量，本研究模型的建立和分析采用结构方程模型的分析方法，这也是基于用户视角的技术接受研究中被广泛采用的主要研究方法。结构方程模型（structural equation modeling，SEM）是一种线性统计建模技术，是多种统计方法的综合，它具有的一些特点优于多元回归、通径分析、计量经济学中的联立方程组及因子分析等方法。通径分析和联立方程模型只能处理有观察值的变量，并且还要假定其观察值不存在测量误差，而结构方程模型虽然也是利用联立方程组求解，但是它没有很严格的假定限制条件，同时允许自变量和因变量存在测量误差，还支持将社会科学研究中许多不能直接测量的潜在变量（lantent variables）通过一些可以观察的变量（observed variables）作为这些潜在变量的标志而引入模型中进行分析。因子分析可以处理测量误差并对潜变量进行分析，但是不能对因子之间的关系进行分析处理，而结构方程模型能够在分析对测量误差进行处理，并且可以分析潜变量之间的结构关系。结构方程模型的上述优点正好符合本研究模型的基本特点，本研究后续的进一步分析中将主要采用结构方程模型的分析方法。

6.3 农村移动信息服务用户接受实证研究方法

6.3.1 农村移动信息服务接受研究问卷设计

在以往相关研究设计的量表的基础上，结合面向农村的移动信息服务的特点，初步设计了包含 85 个问题，测量包括上述变量在内的 15 个变量的 7 点里克特量表，通过面向大学本科生的预调查反馈的信息，减少了调查问题数量，同时对部分问题的表达进行了修改以便能够更加清晰地表达其含义，最后确定用于实际调查量表包含问题数 50 个（表 6-1），其中对模型主要结构变量的测度项为 27 个，每个潜变量包含三个测度项，这也是侯杰泰等（2004）在结构方程模型一书中指出进行结构方程模型分析的一个基本要求。在此基础上如前所述进行了问卷调查和数据初步分析整理工作。

表 6-1 调查量表及其来源

因素	测度项	量表测度项	来源
信任 （Trust）	Trust1	我认为短信服务提供商值得信赖	Lu et al.，2005
	Trust2	我认为手机短信息内容值得信任	
	Trust3	使用短信服务我比较放心	
成本 （Cost）	Cost1	移动信息服务的使用成本是非常高的	Wu and Wang，2005； Kim et al.，2007
	Cost2	使用移动信息服务的交易成本是非常高的	
	Cost3	使用移动信息服务的费用太高	
绩效期望 （PE）	PE1	我能从短信服务中得到好处	Bauer et al.，2005； Standing et al.，2005； Hsu et al.，2006
	PE2	短信息服务提供了很有用的信息	
	PE3	使用移动短信服务提高了我的效率	
努力期望 （EE）	EE1	使用短信服务对我来说非常容易	Standing et al.，2005； Hsu et al.，2006
	EE2	使用短信服务做我想做的事非常容易	
	EE3	短信服务操作简便，容易掌握	
社会影响 （SI）	SI1	几乎我所有的亲戚、朋友或邻居都使用短信息服务	Bauer et al.，2005； Standing et al.，2005； Hsu et al.，2006
	SI2	几乎我所有的亲戚、朋友或邻居都认为使用短信服务是个好主意	
	SI3	我的亲戚、朋友或邻居认为我们都应该使用短信息服务	

因素	测度项	量表测度项	来源
便利条件 （FC）	FC1	我使用短信息服务时可以得到必要的支持和帮助	Taylor and Todd，1995； Lu et al.，2005
	FC2	我有使用短信息服务要求的经济和技术条件	
	FC3	我可以使用短信息服务所需要的软硬件和网络	
行为意向 （BI）	BI1	我很愿意收到很多短信息	Tsang et al.，2004； Bauer et al.，2005； Standing et al.，2005； Hsu et al.，2006
	BI2	我愿意接受移动信息服务	
	BI3	我愿意通过手机提供和发布农业相关信息	
满意 （Sat）	Sat1	我对当前短信服务的提供商很满意	Hung et al.，2003； Hong et al.，2006
	Sat2	我对短信服务质量很满意	
	Sat3	我对短信服务这种方式很满意	
使用行为 （Bh）	Bh1	我近期会使用移动信息服务开展购销有关活动	Tsang et al.，2004
	Bh2	我将会经常使用移动信息服务	
	Bh3	我会推荐我的亲戚朋友使用移动信息服务	

6.3.2　农村移动信息服务接受研究数据收集

为了解当前农村信息技术使用情况及对移动信息服务的感知和使用等有关问题，本研究设计了包含表6-1中所列的问题的调查量表和其他相关问题的调查问卷，组织来自农村的大学生利用暑期社会实践和暑假回家的时间针对农村居民进行了问卷调查。调查之前对参与调查的学生进行了讲解和培训。由于调查重点定位在面向农村移动信息服务的接受行为方面，问卷要求调查对象是拥有手机的农村地区居民。本次调查共发放问卷 500 份，回收问卷 234 份，经过对每份问卷的检查剔除了关键信息遗漏和明显不认真回答的问卷 22 份，得到实际有效问卷 212 份，这些调查对象包括了来自 21 个省、市、自治区的农村居民，具有一定的代表性。在所有问卷数据录入完成后，又根据问卷编号对录入数据的准确性进行了检查以确保后续分析所使用数据的可靠性。

6.4　农村移动信息服务用户接受实证数据分析

6.4.1　正态性检验

结构方程模型分析软件 lisrel 分析时使用最大似然估计法（ML）一个基本

要求是变量要符合正态分布，因此对各变量的调查值进行正态分布检验，得各变量峰度、偏度及正态检验结果见表（在 Eviews5.1 软件中完成）。在描述统计的结果中，各变量的偏度均在 [−0.25，0.25] 的区间内，比较接近正态分布的偏度 0，峰度均在 [2.2，3] 区间内，比较接近正态分布的峰度 3，因此可以认为为近似于正态分布，同时变量的 Jarque-Bera 检验的结果也显示除个别变量外在 0.05 的显著水平下均不能拒绝正态分布的假定（表6-2）。

表 6-2　各变量的描述统计及正态性检验

变量	均值	标准差	偏度	峰度	Jarque-Bera	Probability
Trust1	3.509	1.565	0.243	2.467	4.594	0.101
Trust2	3.467	1.534	0.133	2.293	5.042	0.080
Trust3	3.736	1.541	0.020	2.469	2.509	0.285
Cost1	4.703	1.641	−0.291	2.386	6.325	0.042
Cost2	4.618	1.527	−0.204	2.498	3.697	0.157
Cost3	4.623	1.591	−0.168	2.247	6.000	0.050
PE1	3.618	1.573	−0.057	2.312	4.301	0.116
PE2	3.703	1.597	−0.046	2.262	4.890	0.087
PE3	3.769	1.640	0.006	2.403	3.146	0.207
EE1	4.193	1.510	−0.223	2.783	2.175	0.337
EE2	4.184	1.447	−0.088	2.663	1.275	0.529
EE3	4.392	1.512	−0.006	2.427	2.902	0.234
SI1	3.939	1.579	0.007	2.426	2.912	0.233
SI2	3.684	1.548	0.007	2.387	3.325	0.190
SI3	3.811	1.571	0.034	2.390	3.328	0.189
FC1	4.028	1.434	−0.088	2.818	0.567	0.753
FC2	4.005	1.426	−0.185	2.736	1.829	0.401
FC3	3.802	1.440	0.025	2.438	2.811	0.245
BI1	3.976	1.639	−0.053	2.254	5.016	0.081
BI2	4.057	1.513	−0.030	2.505	2.201	0.333
BI3	3.910	1.510	−0.162	2.469	3.418	0.181
Sat1	3.929	1.533	0.024	2.447	2.719	0.257
Sat2	3.821	1.584	0.174	2.379	4.483	0.106
Sat3	4.170	1.424	−0.183	2.727	1.836	0.399
Bh1	4.038	1.545	−0.079	2.310	4.420	0.110
Bh2	3.726	1.567	0.022	2.441	2.775	0.250
Bh3	3.835	1.504	−0.153	2.342	4.649	0.098

6.4.2　量表的信度和效度检验

1）信度检验

信度研究是对调查量表及结果的可靠性进行的考察。信度检验指标包括内部一致性（internal consistency）信度、折半（split halves）信度、重测（test-retest）信度等，其中最常用的是内部一致性信度。内部一致性信度一般通过科隆巴赫的阿尔法（Cronbach's α）系数加以衡量。Cronbach's α 的计算公式见式（6-1），其中 p 为因子指标的个数（$p \geqslant 2$），σ_i^2 为第 i 个指标的方差（$i = 1, 2, \cdots, p$），σ_T^2 为整个因子的方差。

$$\alpha = \frac{p}{p-1}\left[1 - \frac{\sum \sigma_i^2}{\sigma_T^2}\right] \tag{6-1}$$

运用 SPSS15.0 的计算结果表明所有因子的 Cronbach's α 值均大于 0.7，多数大于 0.8，一般认为 Cronbach's α 值高于 0.7 即表明因子具有较高的信度，本研究的 Cronbach's α 值表明研究中的各因子具有较高的信度。

本研究运用另外一种信度检验的方法，通过 PLS-Graph3.0 对因子的复合信度（composite reliability）也进行了计算，该复合信度值的计算公式见 6-2，其中 k 为因子指标个数，b_i 为标准化因子负载（the standardized factor loadings for the factor），θ_i 为误差的方差。

$$\rho_Y = \frac{\left(\sum\limits_{i=1}^{k} b_i\right)^2}{\left(\sum\limits_{i=1}^{k} b_i\right)^2 + \sum\limits_{i=1}^{k} \theta_i} \tag{6-2}$$

通过计算得到每个因子的复合信度值均在 0.8 以上，而且多数在 0.90 以上（表6-3），这也表明本研究中的各个因子具有较高的信度。综合这两个信度指标值的计算结果，本研究所采用的调查数据具有较好的信度。

表6-3　因子信度及相关系数矩阵

	Cronbach's α	复合信度	Trust	Cost	PE	EE	SI	FC	BI	Sat	Bh
Trust	0.790	0.877	**0.839**								
Cost	0.884	0.918	−0.063	**0.889**							
PE	0.879	0.935	0.486	0.138	**0.785**						
EE	0.797	0.910	0.320	0.205	0.574	**0.846**					
SI	0.861	0.914	0.351	−0.059	0.551	0.474	**0.852**				

	Cronbach's α	复合信度	Trust	Cost	PE	EE	SI	FC	BI	Sat	Bh
FC	0.750	0.857	0.327	0.059	0.596	0.467	0.634	**0.817**			
BI	0.858	0.908	0.418	0.068	0.605	0.498	0.589	0.653	**0.844**		
Sat	0.841	0.904	0.439	0.024	0.549	0.445	0.518	0.537	0.576	**0.871**	
Bh	0.838	0.896	0.474	−0.055	0.600	0.464	0.543	0.526	0.660	0.606	**0.797**

注：对角线为平均变异抽取量 AVE 的平方根

2）效度检验

效度是对调查测量的准确性的考察。为检验测量的效度首先进行探索性因子分析。进行探索性因子分析首要步骤是进行 KMO（Kaiser-Meyer-Olkin measure of sampling adequacy）测度和巴特立特球体检验（Bartlett's test of sphericity），以确认量表数据是否适合进行因子分析。KMO 测度从比较观测变量之间的简单相关系数和偏相关系数的大小出发，当所有变量之间的偏相关系数的平方和远小于简单相关系数的平方和时，KMO 的值接近于1，而当 KMO 值较小时，表明观测变量不适合作因子分析。巴特立特球体检验统计量从检验整个相关矩阵出发，其零假设为相关矩阵是单位阵，如果不能拒绝该假设的话应该重新考虑因子分析的使用。本研究运用 SPSS15.0 进行因子分析时首先进行 KMO 测度和巴特立特球体检验，得到 KMO 值为 0.894，巴特立特球体检验在 0.001 的显著水平的下为显著。一般认为如果 KMO 值大于 0.8，巴特立特球体检验显著时，观测变量适合于进行因子分析，因此根据本研究的样本数据适合对观测变量进行因子分析。

本研究在 SPSS15.0 中进行了探索性因子分析，采用方差最大法旋转（varimax rotation）后得到的因子载荷矩阵见表 6-4。从表 6-4 中的各因子负载结果可以看出，所有的指标在各自归属的因子上的负载都很高（粗体显示的数字），而在其他因子的负载则很低，这表明了量表具有较好的收敛效度和判别效度。收敛效度指的是一个变量的指标因为共享方差而能够反映潜在构件的程度。判别效度指的是两个构件的指标实证不同的程度。

表 6-4　探索性因子分析结果

	Trust	Cost	PE	EE	SI	FC	BI	Sat	Bh
Trust1	**0.755**	0.005	0.035	0.101	0.066	0.147	−0.004	0.120	0.345
Trust2	**0.820**	−0.155	0.154	0.086	0.128	0.043	0.035	0.130	0.084
Trust3	**0.782**	0.052	0.249	0.124	0.046	−0.011	0.247	0.120	−0.047
Cost1	−0.018	**0.893**	0.012	0.092	−0.088	−0.006	0.082	−0.071	−0.032

	Trust	Cost	PE	EE	SI	FC	BI	Sat	Bh
Cost2	0.004	**0.923**	−0.013	0.030	−0.067	0.063	−0.022	0.005	−0.017
Cost3	−0.077	**0.857**	0.058	0.096	0.007	0.001	0.060	0.087	−0.100
PE1	0.204	0.122	**0.707**	0.195	0.239	0.110	0.085	0.158	0.290
PE2	0.156	−0.045	**0.844**	0.162	0.170	0.146	0.028	0.136	0.121
PE3	0.143	0.046	**0.802**	0.142	0.122	0.220	0.156	0.150	0.150
EE1	0.106	0.151	0.069	**0.761**	0.210	0.165	0.038	0.102	0.079
EE2	0.104	0.025	0.232	**0.769**	0.173	0.012	0.201	0.123	0.091
EE3	0.100	0.095	0.140	**0.720**	0.130	0.173	0.238	0.188	0.043
SI1	0.096	−0.087	0.181	0.187	**0.784**	0.165	0.083	0.119	0.163
SI2	0.109	−0.097	0.168	0.191	**0.785**	0.140	0.202	0.072	0.155
SI3	0.061	−0.028	0.119	0.153	**0.785**	0.163	0.180	0.231	0.102
FC1	0.035	0.024	0.237	0.249	0.372	**0.626**	0.106	0.115	0.175
FC2	0.009	0.039	0.133	0.213	0.109	**0.803**	0.209	0.150	0.101
FC3	0.212	0.017	0.236	−0.032	0.221	**0.580**	0.244	0.204	0.114
BI1	0.078	0.096	0.073	0.299	0.138	0.311	**0.686**	0.201	0.121
BI2	0.112	0.054	0.093	0.226	0.155	0.282	**0.728**	0.133	0.297
BI3	0.130	0.048	0.126	0.112	0.270	0.066	**0.776**	0.162	0.262
Sat1	0.226	−0.084	0.287	−0.016	0.162	0.192	0.175	**0.687**	0.207
Sat2	0.137	0.000	0.136	0.201	0.214	0.159	0.111	**0.810**	0.142
Sat3	0.113	0.102	0.093	0.304	0.100	0.101	0.181	**0.763**	0.193
Bh1	0.090	0.001	0.064	0.237	0.310	0.035	0.226	0.137	**0.707**
Bh2	0.137	−0.106	0.244	0.024	0.127	0.127	0.226	0.165	**0.775**
Bh3	0.167	−0.154	0.289	0.013	0.087	0.214	0.182	0.258	**0.723**

另外，表 6-3 还列出了各因子的相关系数及 AVE（average variance extracted，各因子抽取的平均方差）值的平方根（由 Pls-graph3.0 计算得出，在对角线以粗体显示）。AVE 的计算公式为

$$AVE = \frac{\sum \lambda_i^2}{(\sum \lambda_i^2) + (\sum (1 - \lambda_i^2))} \quad (\lambda_i \text{ 为标准负载})$$

它衡量的是因子解释的方差与测量误差解释的方差的比率，一般大于 0.5 表示因子解释了大部分的方差。表 6-3 中 AVE 值的平方根均接近或大于 0.8，也表明量表中因子具有较强的解释能力，具有较好的收敛效度，而各因子的

AVE 值的平方根远大于其与其他因子的相关系数则表明量表具有较好的判别效度。

为进一步考察量表的收敛效度和判别效度，本研究进行了验证性因子分析 CFA（confirmatory factor analysis），通过 Lisrel 8.7 建立 CFA 模型进行分析得到主要拟合指标均见表6-5。

表 6-5　CFA 模型分析拟合指数

拟合指数	推荐值	模型分析的实际值
x^2/df	<3	1.32
RMSEA	<0.08	0.039
NFI	>0.9	0.951
NNFI	>0.9	0.982
GFI	>0.9	0.869
AGFI	>0.8	0.831
CFI	>0.9	0.985
SRMR	<0.05	0.049

表 6-5 中，RMSEA（root mean square error of approximation）意为近似误差的均方根，SRMR（standardized root mean square residual）为标准残差均方根，这两个指数值越小表示模型拟合度越好；NFI（normed fit index）为规范拟合指数，NNFI（non-normed fit index）为非范拟合指数，GFI（goodness of fit index）为拟合优度指数，AGFI（adjusted goodness of fit index）为调整的拟合优度指数，CFI（comparative fit index）为比较拟合指数，这些指数的值越大表明模型拟合数据越好；x^2/df 为卡方值与自由度的比率，用于来检验模型的拟合优度，该比率越小越好。表 6-4 中的指数显示了模型的拟合优度较好。

6.4.3　结构方程模型分析与结果

1）结构方程模型分析与修正

结构方程模型包括测量方程和结构方程，其一般模型如下：

结构方程：$\eta = B\eta + \Gamma\xi + \zeta$

测量方程：$y = \Lambda_y\eta + \varepsilon$

$$x = \Lambda_x\xi + \delta$$

结构方程描述了潜变量之间的关系，η 表示内生潜变量，本研究中即为模型中的行为意向、使用行为，满意等潜变量；ξ 表示外生潜变量，在本研究中即为绩效期望、努力期望、社会影响、成本、便利条件和信任等潜变量；B 表示内生潜变量之间的关系，如行为意向和满意与使用行为之间的关系；Γ 表示外生潜变量对内生潜变量的影响，即为绩效期望、努力期望、社会影响、成本、信任、便利条件等因素对行为意向、满意和使用行为的影响；ζ 表示模型中未能解释的部份（即模型内所包含的变量及变量间关系所未能解释的部分）。测量方程描述了测量指标与潜变量之间的关系：x、y 分别表示外生和内生指标，即为调查量表中的相关的测度项。δ、ε 分别为 x、y 测量上的误差；Λx 是 x 指标与 ξ 潜变量的关系，即 x 在 ξ 上的因子负荷矩阵。Λy 是 y 指标与 η 潜变量的关系，即 y 在 η 上的因子负荷矩阵。

根据调查量表测量得到的指标值及通过理论研究构建的结构方程模型中潜变量之间的关系进行结构方程模型分析可以得到结构方程中潜变量之间的具体路径关系。根据前面构建的结构模型和基本假设，运用问卷调查数据在 Lisrel 8.70 进行结构方程分析，分析结果见图 6-3，图中标出了显著的路径系数的值及其显著性程度，以及各内生变量的复相关系数平方 SMC（squared multiple correlations）值（在各内生变量下标明）。

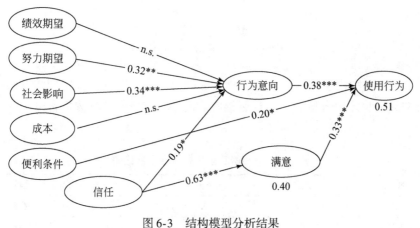

图 6-3　结构模型分析结果

$*P<0.05$；$**P<0.01$；$***P<0.001$

本研究采用的结构方程模型的分析中每个内生变量与相关解释变量实际上构成一个线性回归方程，而复相关系数平方 SMC 实际上与线性回归方程的 R^2 的含义相同，是指某内生变量的变异能被模型中的相关解释变量的变动所解释的比例，而与一般线性回归模型所不同的是结构方程模型中这些线性回归方程是同时运行的，这一点与联立方程模型类似。

由于本研究还是属于探索性研究，因此根据 lisrel 8.70 中结构方程模型分析的结果给出的模型修正的提示建议，将模型进行进一步修改，增加了由满意到行为意向的路径，绩效期望、努力期望到满意的路径及由成本到使用行为的路径。经过上述模型调整后，再次在 Lisrel 8.70 中进行模型分析，得到如图 6-4 的分析结果。模型调整前后的各项拟合指标及参考标准和比较见表 6-6。

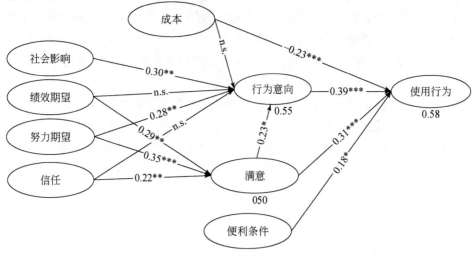

图 6-4 修正后模型的分析结果

*P<0.05；＊＊P<0.01；＊＊＊P<0.001

从表 6-6 种模型调整前后的拟合指标的对比中可以看出，模型的调整提高了大多数的整体拟合指数，说明调整后的模型具有更好的整体拟合度，这样的调整具有可行性。

表 6-6 模型修正前后各拟合指标比较

指标	修正前	修正后	推荐值	比较
x^2/df	1.8	1.76	<3	改善
RMSEA	0.061 66	0.052	<0.08	改善
NFI	0.9421	0.9491	>0.9	改善
NNFI	0.9681	0.9758	>0.9	改善
PNFI	0.8052	0.8004	>0.5	
CFI	0.9727	0.9796	>0.9	改善
IFI	0.9728	0.9797	>0.9	改善
RFI	0.9322	0.9396	>0.9	改善
SRMR	0.091 36	0.0610	<0.08	改善

指标	修正前	修正后	推荐值	比较
GFI	0.8405	0.8596	>0.9	改善
AGFI	0.7990	0.8207	>0.8	改善
PGFI	0.6670	0.6731	>0.5	改善

　　由修正后的模型分析结果可知，用户当前感知的满意作为绩效期望、努力期望和信任对行为意向的中介作用非常明显，其中对于绩效期望和信任的作用为完全中介作用，而对于绩效期望则为部分中介作用。

　　2）地区差异作为控制变量对模型影响的分析

　　本研究模型将地区因素（分为东部、中部、西部）作为一个调节变量进入模型，由于调节变量的引入使得被估计的路径系数大大增加，但由于样本容量的受到限制，模型不再适合于使用 Lisrel 进行估计。当调节变量是类别变量时，可以进行分组的结构方程模型分析，但如上所述本研究样本容量用于进行分组的结构方程模型分析来说也是不足的，分组以后有的组样本容量将会偏小而不适于进行结构方程模型分析，因此本研究将采用对样本容量要求相对较低一些的线性回归模型分析的方法对调节变量进行分析。由于线性回归分析不能直接分析处理存在潜变量的问题，需要根据各测度项将潜变量的取值计算出来，然后将将各潜变量作为线性回归模型中的有关变量引入线性回归模型中进行分析。潜变量的计算一般直接采用将相关测度项取平均的办法得到，本研究中也采用对潜变量的有关测量指标值取平均的办法得到各潜变量的取值。对调节变量在模型中作用的分析建立线性回归模型在计量经济学分析软件 Eviews5.1 中进行分析研究。

　　通过分别进行有交互项的回归和无交互项的回归检验模型中调节变量的作用是否显著，实质等同于进行无约束和有约束的线性回归模型分析检验，约束条件为交互项的参数为零，这样原模型就是施加了交互项参数为零这一零假设条件约束的有约束的线性回归模型。

　　根据上述有约束和无约束的回归分析研究思路，分别建立有约束和无约束的回归分析模型，见式（6-3）和式（6-4）。

　　有约束的回归模型为（模型中 Area 为地区分类变量，其他变量含义见表6-1）

$$BI = \beta_0 + \beta_1 PE + \beta_2 EE + \beta_3 SI + \beta_4 Trust + \beta_5 Cost + \beta_6 Sat + \beta_7 Area + \mu$$

$$(6-3)$$

　　无约束的回归模型为

$$BI = \beta_0 + \beta_1 PE + \beta_2 EE + \beta_3 SI + \beta_4 trust + \beta_5 cost + \beta_6 sat + \beta_7 area + \beta_8 PE \cdot area$$

$$+ \beta_9 \text{EE} \cdot \text{area} + \beta_{10} \text{SI} \cdot \text{area} + \beta_{11} \text{trust} \cdot \text{area} + \beta_{12} \text{cost} \cdot \text{area} + \beta_{13} \text{sat} \cdot \text{area}$$
$$+ \mu \tag{6-4}$$

运用检验有约束的线性回归模型中约束条件是否显著的方法，构造 F 统计量见式（6.5）（该检验与 CHOW 检验的实质相同）：

$$F = \frac{(R_U^2 - R_R^2)/q}{(1 - R_U^2)/[n - (k + q + 1)]} \sim F[q, \ n - (k + q + 1)] \tag{6-5}$$

式中，R_U^2 为无约束回归的拟合优度指标；R_R^2 为有约束回归的拟合优度指标；n 为有效样本容量；k 为解释变量个数；q 为约束条件的个数。卡特（Carte）和拉戴尔（Ruddell）2003 年提出的 F 检验方法实质上和上述方法是相同的。

分别对有约束和无约束的回归模型进行回归分析，得到 $R_U^2 = 0.470815$，$R_R^2 = 0.444907$，又因为 $q = 6$，$K = 7$，$n = 212$，代入式（6.5）中得

$$F = \frac{(0.470\,815 - 0.444\,907)/6}{(1 - 0.470\,815)/[212 - (7 + 6 + 1)]} = 1.615\,624$$

得到 F 统计量为 1.615 624，其对应的 F 分布概率为 $P = 0.1445$（$P > 0.1$），即不能拒绝零假设，表示方程约束条件不显著，即地区差异的调节作用不显著。

运用类似方法以使用行为（Bh）作为因变量建立回归方程，对地区差异的调节作用进行检验，其过程和方法与上述方法同样，分析结果显示地区的调节作用也不显著（由于分析过程与前面以行为意向为因变量的分析过程相同，详细过程略）。

通过上述线性回归和检验的结果显示地区的调节作用并不显著，地区差异的直接作用也不显著。

6.5 农村移动信息服务用户接受实证研究结论

基于本研究问卷调查数据进行结构方程模型分析的结果显示，和其他信息技术的接受行为相类似，农村用户接受移动信息服务的意向受到使用农村移动信息服务的社会影响和努力期望（易用性）及感知的满意度直接的正向影响，而绩效期望（有用性）、信任和努力期望又通过影响感知的满意度这一中介变量进而影响到用户的接受意向。用户预期的使用行为受到行为意向、感知的满意和便利条件的正向影响，而受到成本因素直接的负向影响。

这些实证研究的主要结论和我们对农村移动信息服务用户接受行为影响因素的基本预期和假设相一致，也与以往许多学者关于信息技术接受的相关研究的结论是一致的。农村移动信息服务用户受到使用农村移动信息服务的社会影

响越大，其对农村移动信息服务的接受意向越强烈；用户对于农村移动信息服务的努力期望越低（即易用性越强），其接受移动信息服务的意向越强；农村用户对于当前移动服务感知的满意度越高，其对于农村移动信息服务的接受意向越强烈；农村用户感知使用农村移动信息服务的有用性（即绩效期望）越高，对于移动服务的信任度及对移动信息服务感知的易用性越高，其对移动服务的满意度也会越高；而用户对于农村移动信息服务的行为意向和感知的满意以及便利条件越高，其采纳农村移动信息服务的使用行为的可能性越大；用户感知使用农村移动信息服务的成本越低，其采纳农村移动信息服务的可能性也将越高。

然而由于研究的具体内容和对象的特殊性，本实证研究的结果与以往相关研究结论所存在一定的差异，主要表现在下述三个方面。

（1）用户感知的满意对行为影响的中介效应明显，满意在用户接受移动信息服务的过程中起到了极其重要的过用。感知满意作为绩效期望和感知的信任对行为意向产生影响的一个重要的中介变量，在其中起到完全的中介作用，这表示绩效期望和感知的信任对接受农村移动信息服务的行为意向的影响全部通过它们直接对用户感知的满意产生影响，进而由感知的满意再对行为意向产生影响而间接实现。这一分析结果表明用户对移动服务感知的满意在农村消费者接受移动信息服务的行为意向及预期的使用中处于非常重要的位置，起到了非常重要的作用，值得当前农村信息服务的运营商和内容及服务提供商在开发和推广农村移动信息服务的过程中加以重视。提高和改善用户感知的满意度将会对移动信息服务应用的发展和普及产生的积极促进作用。

（2）用户感知的成本因素对其预期行为和使用的负向影响比较显著。从消费经济学的角度来看，一般来说用户的需求与产品和服务的价格成反比，本研究的上述结论正好也验证了这一点。在本研究的结果中值得特别注意的是用户感知的使用成本的高低对于预期的使用行为有显著的负向影响，而对行为意向的影响却并不显著，这说明成本对于消费者的使用行为存在显著的直接影响作用，而消费者的行为意向并没有受到成本因素的制约，只是在考虑到采取实际的使用行为时用户才会考虑到成本的因素。这也表明对移动信息服务具有较高行为意向的农村用户在采取实际行为时可能会受到其使用成本因素的制约。对于当前收入相对较低的农村用户来说，移动信息服务的使用成本将是制约其使用的一个重要因素。基于这一点，在进行农村移动信息服务推广时，农村移动服务的提供商需要考虑采取适当的方式和合理的定价等策略以降低用户的使用成本促进其进一步的使用农村移动信息服务。

（3）农村移动信息服务接受行为的地区差异并不明显。地区因素的调节作用在本研究模型中并不明显，这表明本次调查的东部、中部和西部不同地区的农村用户当前对于移动信息服务的接受意向和预期使用行为的主要影响因素的差异不大。一个主要原因是因为目前定位于面向我国农村用户提供的移动信息服务还相对较少，这使得不同地区农村用户的感知及意向的整体差别并不明显。

限于大范围组织开展问卷调查的难度，本研究的样本容量受到了限制，虽然满足了实证分析的基本容量要求，但由于我国农村地域广阔，样本数据分析的结果仍可能存在典型代表性不足的问题，后续的研究需要扩大样本容量或者聚焦于某个特定区域开展研究，此外接受行为和动态变化的过程也需要进一步进行后续的动态跟踪研究。

6.6　本章小结

本章基于用户接受的研究视角，将成本、信任和满意等因素与信息技术接受和使用整合模型（UTAUT）结合构建了农村移动信息服务的用户接受模型，进行了问卷设计和问卷调查工作，运用多元统计分析、结构方程模型和计量经济分析等实证研究方法对调查数据进行了分析研究，得到了相关的研究结果。研究结果表明农村移动信息服务的接受的行为意向受到使用移动信息服务的社会影响和努力期望（易用性）及感知的满意度直接的正向影响，而绩效期望（有用性）、信任和努力期望又通过影响感知的满意度这一中介变量进而影响到消费者的接受意向；用户预期的使用行为受到行为意向、感知的满意和使用的便利条件的正向影响，而受到成本因素直接的负向影响。

第7章
农村移动商务模式和发展策略

我国农村移动商务的应用已经开始起步，而何种移动商务模式适合于我国农村的特点及如何有效促进农村移动服务的发展的问题还需要进一步深入开展研究。对于适合我国农村特点的移动商务的商业模式的探讨有助于认识我国农村移动商务的发展方向和趋势，也可以为各方参与者提供决策参考，参与各方可以在此基础上积极采取相应的策略以促进农村移动商务的发展。

7.1 商业模式概述

对于农村移动服务模式的研究需要从商业模式的视角进行探讨，而商业模式是一种包含了一系列要素及其关系的概念性工具，用以阐明某个特定实体的商业逻辑。它描述了公司所能为客户提供的价值及公司的内部结构、合作伙伴网络和关系资本等用以实现（创造、推销和交付）这一价值并产生可持续盈利收入的要素。简单地说所谓商业模式就是企业运营业务、创造利润的模式，是一种能将各项投入资源转化为利润的经营方式，是指企业如何在于其他实体的合作过程中创造价值并实现利润的。移动商务的商业模式就是在移动技术条件下，相关的经济实体是如何通过一定的商业活动创造、实现价值，并得到利润的。移动商务活动中不同的参与者、服务内容和利润来源的组合形成了不同的移动商务模式。基于移动技术的基本特征，移动商务中的主要参与者内容提供商、服务提供商、移动运营商、终端制造商和移动用户；移动商务提供的主要服务包括新闻信息、定位信息、移动购物、移动娱乐等内容；其利润来源包括通话费、信息费、佣金、交易费和广告费等。这些参与者、服务内容和利润来源的组合形式形成了移动商务的商业模式，主要有通信模式、信息服务模式、广告模式、销售模式和移动工作者支持模式等。

在我国农村这个广泛而特殊的地域范围里，移动通信技术应用首先也是从基本的语音通话的服务开始，而随着移动商务业务内容的进一步开发，其商业模式还可以扩展到信息服务、移动营销、移动销售等模式，这些移动商务模式的开发和应用主要基于移动通信技术的特点和农村用户社会经济生活的需要而展开，与城市移动商务商业模式在服务内容和方式上存在一定的区别。随着农村移动通信的深入发展和农业信息化的进一步建设，移动通信相关技术还可以进一步与现代信息化农业生产技术和方式如精准农业及"3S"的应用更加紧密地结合，为农业生产过程提供更多更加有效的支持服务。

目前我国农村移动服务模式的应用以农村信息服务模式为主，如前面分析的中国移动"农信通"和中国联通"农业新时空"业务内容中主要为信息服务内容，而营销模式、交易模式和信息化农业服务模式还没有得到应用。这些商业模式的主要内容和应用方式及在农村实施的具体策略需要结合移动商务的特点和农村用户的特征加以研究。

7.2　适合我国农村特点的移动信息服务模式

7.2.1　农村移动信息服务模式的组成

移动信息服务模式是移动商务中比较常见并得到较广泛应用的模式，该模式在农村的应用即农村移动信息服务模式。上一章讨论的中国移动"农信通"和中国联通"农业新时空"的目前应用的最主要模式就是信息服务模式。农村移动信息服务与城市移动信息服务相比较的主要区别在于参与者、信息服务的内容及信息获取与发送方式的区别上。

农村移动信息服务的参与者包括内容/服务提供商、移动网络运营商、农村信息站、农村移动用户；提供的主要服务是有关信息服务，包括农业技术信息服务、农产品和农资市场信息服务、农业气象服务、政策法规信息服务等；主要的利润来源是用户缴纳的信息服务预订费（图7-1）。

7.2.2　农村移动信息服务内容

符合我国农村特点的信息服务内容的要求贴近农村用户需要。为符合农村用户的信息需要，农村移动信息服务的主要内容包括农业技术信息、农村天气信息、农产品供求和价格等市场信息、政策法规信息及其他农村生活方面所需的各类信息。由于对于农村居民来说在市场和技术方面存在明显的信息不对称问题，移动服务商通过提供符合农村需要的相关信息，可以改善农村居民在组

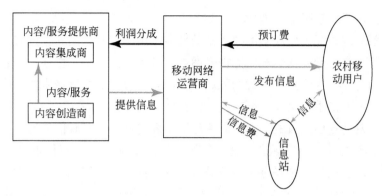

图 7-1　农村移动信息服务模式

织生产和参与市场交易的过程中所处的弱势地位。

农村信息服务内容的质量要求较高。信息服务提供商要达到上述要求使农村居民真正接受和使用其提供的信息服务并为此支付费用以实现其盈利的目标就必须向农民提供真实、有用、准确、及时的信息。要达到这一目标，信息服务提供商在信息收集、存储、加工和发布过程中要特别重视农民对于信息质量的要求。在当前以相对低廉的价格推广信息服务时，用户的规模非常重要，能否获得利润取决于有一定规模用户的使用，而信息服务要得到用户的接受和使用必须要向用户提供其需要的有用信息，满足用户从信息服务中得到的绩效预期。农村信息服务因其内容的特殊性，要求信息内容具有有用性即有较高的信息质量，而要提供较高质量的信息必须保证信息的来源，因此信息的收集和整理的过程非常重要。

信息服务质量的保障。前面讨论过移动商务可以较好地保证信息在传递和存储过程中的准确性，这只是在信息进入系统以后的质量保证，而如果信息在进入移动时的质量存在问题，那向用户传递的信息是难以得到保证的。信息的质量在源头就必须有保障，同时要注意及时性。对于信息服务内容质量的保障措施需要进行深入研究，需要解决好一系列的相关问题，诸如如何保证进入系统的信息尽可能准确、详细，如何进行信息真实、准确性的甄别，如何对进入系统的信息进行分析和整理，如何选取发布信息的内容及在何时以何种频率发布等。

7.2.3　农村移动信息服务的参与者

当前我国移动运营商处于比较特殊的地位，而专门的农村移动内容和服务提供商比较缺乏。由于我国农村信息服务的特殊性，其参与者也有所不同，首先目前农村移动信息服务的内容提供商和服务提供商还较少，而移动网络运营商由于占据了比较强势的地位，其业务内容并不限于网络运营，实际上也承担了相当部分内容提供商和服务提供商的角色。由于农村移动商务发展处于起步阶段，还没有大量的内容和服务提供商参与其中，这使得农村移动信息服务所提供的内容和服务受到了很大的限制。目前我国移动农村信息服务的两大品牌项目实际上都是由移动运营商来建设实施的，其中许多内容和服务的提供也是由移动运营商自己完成的，而如果希望面向农村提供更多有价值的信息服务内容，需要有更多的参与者进入这一领域。目前中国移动"农信通"主要通过和政府部门、相关机构和有关企业的合作获取信息和支持，在农村大量建立信息站等措施加强其服务的内容和质量，而中国联通"农业新时空"则非常重视寻求与更多的内容提供商的合作。

农村信息站在农村移动信息服务中起到了比较特殊的作用。农村移动信息服务模式在参与者方面一个显著特点是由农村信息站的参与。目前农村信息站主要是由移动运营商与基层政府、村民组织等合作建立的，有的直接在原有乡镇信息站的基础上建成，有的直接建在行政村或者合作经济组织中。信息站的工作一方面是作为农村移动信息服务的信息收集站，另一方面也是农村移动信息服务的发布站（图7-2）。由于农村信息服务的地域差异性和内容特殊性，信息站在其中起到非常重要的作用。信息站通过联系信息员或农村移动用户收集有关信息，同时也为需要发布信息的农村用户提供信息上传服务，需要面向特定地域、特定群体发布的信息则通过信息站向农村用户发送，这样可以保证其有效性。

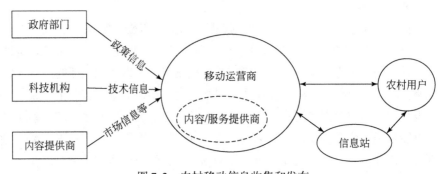

图7-2　农村移动信息收集和发布

7.2.4　农村移动信息服务的利润来源和分配

农村移动信息服务模式的利润来源于定制所需信息的农村移动用户。一般由移动运营商向用户收取信息定制费用，然后根据合作协议以分成的方式分配一部分收入给移动内容/服务提供商，并且向信息站、信息员支付一定的信息费。由于信息站的建设方式的不同，运营商向信息站和信息员分配利润的方式也会有所区别。

7.2.5　农产品信息记录和追溯服务

随着经济发展和人们生活水平的提高，食用农产品安全问题越来越引起人们的关注。食用农产品安全问题产生一个重要原因是从生产到流通，再到消费各环节中存在信息不对称而导致的逆向选择行为，由于生产质量和安全信息不对称，伪劣产品和存在安全隐患的产品才有了市场。解决这一问题的一个有效办法是建立食用农产品信息记录和追溯系统，而农村移动信息服务可以为农产品信息记录和追溯提供有效的服务支持。

移动信息服务除了可以为消费者提供消费安全预警信息以外。还可以通过记录、识别及相关数据库的建立进行食品安全信息追溯的服务。通过建立专门的数据库将农产品生产、流通和消费环节中的相关信息做好详细记录，包括农产品品种信息、营养构成信息、生产地信息、生产者信息、生产管理过程信息、加工处理信息等。这样在各个环节上都可以方便地查询、追溯到相关信息。通过基于移动信息服务的标识和追溯系统人们在流通和消费环节中可以方便查询、追溯到上游有关信息，使生产流通环节中的参与者提高食品安全责任意识，同时也为出现安全问题以后的责任追究和不良影响的控制提供有效的支持。在动物类产品安全管理如疫病防治等已经有了这方面的尝试，发达国家运用条码和 RFID 等技术并结合信息系统的安全管理应用已经在各种农产品追溯领域中实施。移动信息服务应用于此的突出优势是移动信息服务可以进行定位服务，信息采集和传输相对较为便捷，对终端要求低，可以支持基于整个供应链的信息记录和追溯工作的开展。目前中国移动还结合移动网络的应用在有的手机上集成了条码识别等功能，这为实现基于移动信息服务的食品安全标识与追溯提供了良好的技术准备。

由于这一领域的应用还只是刚刚开始，对于条件将好的地区或者龙头企业可以进行尝试，但广泛应用还存在许多方面的问题有待进一步研究解决，比如对农产品的标识方法问题，如何对农产品进行有效标识；农产品有关信息的标准化问题，各种不同农产品特征上存在的显著差异如何将各种复杂的农产品信息进行有效管理；食品安全数据库的建设问题等。

7.3 适合我国农村特点的移动营销模式

7.3.1 移动营销的特点

移动营销是基于移动技术直接地向营销对象发布定向或精准的即时营销信息，开展营销活动的新型营销模式，这种定向或精准发布功能的实现，依赖于强大的数据库支持，可以通过与受众产生精确互动的方式来达到市场营销的目的。基于短信的移动营销可以提供和消费者随时随地地直接交流。科尔尼公司（A. T. Kearney）2003 年的报告指出作为对于市场细分和定位服务等方面应用拥有相当潜力的一种一对多的数据交流的有效方式，移动文本广告将得到持续的成长。

移动通信技术具有的基于位置服务和个性化服务的功能可以方便地运用于营销领域，基于位置和用户特征可以帮助企业实现对用户的市场细分，清晰地识别出用户的特征和潜在需求，进而通过短信息推送等方式实现营销内容的定向发布，达到精准营销的目的。移动广告因为其基于移动通信技术可以对用户进行识别，能够更加个性化，同时也可以有诸如基于许可的、基于动机的或者基于定位的各种不同形式。对于《财富》500 强公司网站内容的定量分析探究了短信息技术的扩散并且发现大型跨国公司移动营销的竞争已经开始。移动营销市场前景广阔，移动广告的 2006 年市场规模我国就达到了 5 亿人民币，美国为 4.2 亿美元，欧洲为 3.7 亿美元，而在今后几年均将以高于 30% 的幅度增长。

我国农村地域广阔，已具有较高普及率的移动通信技术为企业面向农村开展营销活动提供了一种廉价、便捷而目标性更强的方式，可以向企业的特定目标客户发布特定的营销信息；同时广大农村移动用户也可以借助于移动信息平台发布其有关供应和需求等信息，为其产品或劳务寻找市场。农村移动营销的基本模式见图 7-3。

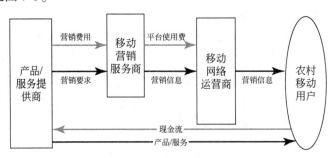

图 7-3 农村移动营销模式

7.3.2　农村移动营销的内容

农村移动营销模式的主要提供的服务内容是向农村目标群体发送促销等有关营销信息，开展营销活动。为发展农村市场，企业需要面向农村居民开展营销活动，由于移动通信在农村已经有了较高的普及率，企业面向农村的营销信息通过移动通信网络以短信广告等方式进行发送是一种在技术上和经济上都比较可行的方法。这些营销信息可以是专门面向农村的农资产品营销信息、生活用品营销信息、医疗保健用品营销信息等各种内容。借助于移动通信平台的定位和个性化细分功能，移动营销服务商可以面向不同地域、不同农村用户细分群体进行营销信息发布，同时用户也可以通过移动通信平台的互动功能参与营销互动活动。除了一般的地域和用户群体特征的目标市场细分外，移动通信平台甚至可以支持具体到个人的细分，基于对个人基本特征的分析开展真正精准到一对一的营销活动。

7.3.3　农村移动营销的参与者

农村移动营销的参与者包括产品/服务提供商、移动营销服务商、移动网络运营商和农村移动用户。产品/服务提供商指那些希望通过农村移动通信网络投放广告和开展面向农村的营销活动的企业，这类企业通常是以农村为目标市场并希望尽快开发农村市场的企业；移动营销服务商是专门从事移动广告及营销服务的企业，这些企业大都具有一定的营销行业的经验，能够提供为广告主提供相应的移动广告和移动营销的解决方案；农村移动网络媒体即农村移动网络运营商，是提供的移动网络平台的运营企业，在一般情况下还有可能是移动门户站点、WAP 站点或者相关移动媒体服务平台的其他企业，但在农村移动市场这些业务内容目前基本上都由移动运营商所提供，因此在上面的商业模式图中直接用移动网络运营商代替了移动网络媒体；用户是接受移动广告和移动营销的受众，也是广告主的目标客户群。

7.3.4　农村移动营销的利润来源和分配

农村移动营销模式的利润来源实质上来自于农村移动用户购买产品/服务提供商的产品/服务而带来的利润。在营销活动中，产品/服务提供商需要向移动营销服务商支付营销费用，营销服务商提出移动营销方案并通过移动网络媒体加以实施，同时需要向移动网络媒体支付相应的媒体使用费，这里一般就是支付给移动网络运营商的平台使用费，最后移动用户参与营销活动并购买了有关产品或服务，向产品/服务提供商支付价款，这一价款中实质上就包含了移动营销的利润部分。

7.4　适合我国农村特点的移动交易模式

农村移动商务的商业模式除上述移动信息服务模式和移动营销服务模式外，随着移动技术在农村的进一步深入应用，还可以为农村销售工作提供支持而形成新型的农村移动交易模式。农村移动交易模式是基于移动通信技术的支持提供面向农村农产品和农业生产资料及生活用品和有关服务的销售交易的服务（图7-4、图7-5）。目前这种移动商务模式在我国还没有正式开始应用，但信息服务模式的进一步深入发展将逐渐推动这一模式开始得到应用。

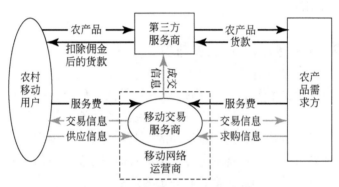

图 7-4　农村移动交易模式 1（农产品销售）

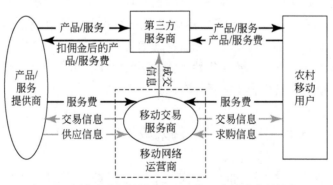

图 7-5　农村移动交易模式 2（农资、农村消费品销售）

7.4.1　农村移动销售模式的服务内容

农村移动销售模式的服务内容是向农产品、农资及农村消费品的供需双方提供供应和需求信息的发布、信息检索及供需的匹配和在移动平台支持之下的交易磋商过程服务。

在移动平台上交易的产品包括农村生产的产出品，主要指农产品等，同时也可以是农村生产生活需要的相关产品，如农业生产需要的农业生产资料，包括种子、肥料、农药、农业生产机械或工具等，还有农村日常生活的各种消费品。农村移动用户在这几类产品的交易中分别处于供应方和需求方不同的角色（图7-4、图7-5），移动交易平台提供了买卖双方发布信息，进行交流的平台，同时在对交易达成一致意见后，可以通过第三方服务商提供的物流、支付等服务实现产品和资金的交割。

对于在平台上发布的大量供给和需求信息，通过移动交易平台的智能代理可以进行供需的匹配服务，为买卖双方寻找合适的交易对象，主动通知对方，促进交易及时顺利地完成（图7-6）。

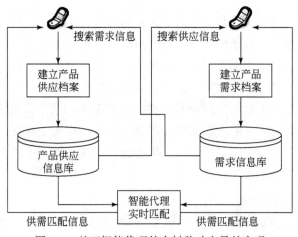

图7-6　基于智能代理的农村移动交易的实现

7.4.2　农村移动交易模式的参与者

从农村移动交易模式中参与者作为交易的主体来看，农村移动交易可以是企业对企业之间的交易、企业和个人之间的交易或者个人和个人之间的交易等多种形式。农村移动交易模式的主要参与者包括作为农产品销售方和农资及消费品购买方的农村移动用户、移动网络运营商、作为交易平台的建设和维护方的移动交易服务商、为交易提供物流和支付服务的第三方服务商，此外还有移动终端制造商等。

农村移动用户包括农村居民和农业生产企业，他们都可以利用移动交易平台开展交易活动。在我国由于移动网络运营商的强势地位，移动交易服务商可能也是由移动运营商来承担，移动内容服务商或集成商也可能成为移动交易提供商。移动交易服务商要建设和维护移动交易平台，提供移动交易的技术支持和对交易的参与者进行真实性和信用的审核等相关服务。第三方服务商包括为实物产品提供物流服务的物流企业和为货款的支付服务的金融企业及为移动交易提供其他相关服务的企业。由于移动交易模式以虚拟化的方式进行交易，移动信息平台可以提供的信息目前也受到很大的限制，因此对于参与者的审核和对交易产品或服务的内容描述的准确性非常重要，这需要移动交易服务商和有关第三方服务商提供相关的支持服务以保障移动交易的顺利进行。

7.4.3 农村移动交易模式的利润来源

农村移动交易模式的利润来自于交易双方参与使用交易平台的服务费，这一服务费是由移动交易平台通过收取交易参与者的基本平台注册费、使用费或者按交易额的一定比例提取的佣金，而第三方服务商则收取相应的佣金。基于成交额的佣金一般主要由卖方支付，而移动交易平台的注册费或使用服务费一般分别由参与使用平台的农村移动用户、农产品需求方和其他产品/服务提供商各自承担。移动交易模式的利润在移动运营商、移动交易服务商和第三方服务商之间按照各方的协议或约定的比例进行分配以提供支持整个交易系统运行的资金需要和各方投入和合理回报。

7.5 适合我国农村特点的移动商务发展策略

上述各种移动商务模式对于农村社会经济发展具有重要的推动作用，特别是在促进我国广大农村地区更加深入广泛地运用现代移动通信技术实现农村信息化具有十分积极的意义，它将扭转我国农村地区信息匮乏的局面，大大改善农村居民经济生产和社会生活的方式和内容，促进社会主义新农村建设和构建和谐社会的目标早日实现。

调查研究和实证分析的结果表明，目前我国农村居民的信息来源还是以传统媒体和人际交往等渠道为主，而通过现代新兴信息媒介电脑和手机接受信息的比例还很低，同时生产方式和参与交易的模式仍然以传统方式为主，缺乏以现代信息技术为基础的电子商务和移动商务新型模式参与现代市场经济活动。鉴于当前农村电脑普及率短期内难以迅速提高的现实情况，已经具有较高普及率的手机因其具有的便利性、广泛覆盖、使用成本低廉等方面的特征可以作为促进农村信息化发展的一个重要媒介。要建设和利用好农村移动商务，实现农村移动商务广泛深入应用，使其在农村经济建设和社会发展中的重要作用得以发挥，农村政府部门、相关企业、有关社会和经济组织及广大农村居民需要从多个方面采取措施，积极参与和推进农村移动商务的发展。

政府主管部门可以通过相关政策措施推动移动运营商、内容提供商和服务提供商积极开发实施定位于面向农村的移动商务模式和移动服务内容，为农村居民积极参与移动商务创造条件；运营商和内容提供商则需要多从用户接受的角度分析研究移动商务应用问题，加强研究开发和提供符合农民需要的，农民愿意接受和使用的信息服务内容。

对于广大农村移动用户来说，在现代市场经济的新形势和现代信息技术日益普及的背景下，需要积极提高利用现代信息技术的意识和能力，提高信息分辨和利用能力，提高参与大市场把握市场机会的意识，实现经济收入和社会生活的全面改善。拥有了及时、准确的市场信息，农村用户在市场交易中地位就可以得到改善，掌握和应用移动商务技术，可以主动收集相关信息，参与电子化、虚拟化交易，与更大范围的客户进行交流，可以更好地实现农村用户的经济目标。将移动商务应用于生产生活中，还将有效提高农村用户的生活质量。

7.5.1　各级政府组织的对策措施

中央已经明确地将信息化作为我国农村发展的一项重要工作，而发展农村移动商务是我国农村信息化建设乃至新农村建设的重要内容。农村移动商务的发展离不开各级政府的积极推动，需要各级政府在中央宏观政策的指导下采取相关政策措施，引导相关企业和农村居民积极参与到农村移动商务发展中来。

（1）加强农村移动通信和移动商务发展的整体规划。移动通信和移动商务的发展与移动通信技术的发展和相关基础设施的建设联系紧密，也与国家产业政策、技术政策等联系密切。宏观层面的整体规划对于我国移动通信基础设施的建设和移动通信技术和移动服务产业的发展具有重要的影响。国家产业发展的整体规划对企业技术开发和业务开展具有较强指导性，而对于农村地区来说，移动通信基础设施的建设和移动商务业务的发展受到政策影响更为显著。

合理的农村移动产业发展规划需要明确农村移动产业发展的目标、步骤和实现途径。我国农村地域广阔，移动基础设施建设的工程量大、成本高，移动产业的应用技术标准和发展模式选择更显得非常重要，需要尽可能避免不必要的重复建设，节省资源，提高建设效率。符合我国各地农村科学发展的农村移动通信规划有助于农村移动通信和移动商务的快速发展，在规划制订过程中需要注意认真研究，合理规划，以保障农村移动产业和移动商务应用健康发展。

（2）开展相关宣传培训，提高农民应用现代信息技术的素质和能力。农村移动商务的应用虽然对于使用者的知识文化的要求较低，但要让广大农民合理有效地利用好以移动技术为代表的现代信息技术，也需要开展适当的宣传和培训工作。各级政府和农村基层组织可以通过多种方式开展相关宣传，增强农民信息意识，提高农民运用现代信息技术手段为自身生产生活服务的能力和素质。

（3）对面向农村的移动商务服务给予政策支持，积极引导多方参与者进入农村移动商务领域。为提高农村信息化程度，提高现代化社会主义新农村的建设质量，各级政府和主管部门可以出台对面向农村的移动商务服务业务提供优惠政策或给予适当补贴。在农村移动通信和移动商务发展的初期，整体使用率不高的情况下，各移动业务服务商的运营成本在短时间内将难以得到分摊，而农民收入相对较低，对于价格比较敏感，面向农村的移动服务定价又不能过高，此时需要政府部门通过给予相关企业或使用移动服务的农民一定的优惠或补贴，促进农村移动信息服务的普及，使其尽早在农村经济生活中发挥重要作用。

（4）加强企业监督，规范行业管理。目前我国移动行业一些企业服务满意度很低，存在服务不规范、收费不透明、垃圾信息泛滥等问题，在有关费用和服务质量等方面存在许多客户不满意的投诉，甚至有的企业还采取欺诈等手段开展业务骗取服务费或信息费，给移动行业整体形象造成了不良影响。相关理论和本研究的实证结果表明农村用户对于农村移动商务的接受行为受到用户感知满意和信任的显著影响，因此农村移动商务发展需要在较高的用户满意和信任的前提下才能得到良好的发展。政府加强对移动企业的监督，规范移动行业企业的行为有助于树立移动行业整体形象，提高用户对于移动行业企业的信任和满意，维护移动商务参与各方的交易公平，保障各方特别是弱势一方的权益。农村市场中，农村居民在经济实力和市场能力等方面都处在明显的弱势地位，因此加强对于提供移动商务服务企业的规范管理和监督将会有利于保护农村移动用户的权益，同时也有助于提高农村用户对移动服务企业的满意和信任，增强其参与移动商务的积极性。

7.5.2　企业发展农村移动商务的策略

移动商务作为一种新兴的信息技术的应用，其成功与否很大程度上取决于用户接受的程度，用户接受程度低，移动商务就难以得到较好的发展，也难以实现移动商务服务企业的利润目标，因此提供移动商务相关服务的企业需要重点从用户接受的角度研究和开发移动商务业务，结合移动商务的技术特点和优势设计商业应用模式，开展移动商务。对于提供农村移动商务服务的企业来说，需要结合对农村用户的基本特征和接受行为及农村移动商务应用的技术特点开发面向农村用户的移动商务业务内容，实现其利润最大化的目标。没有能带来一定回报的用户群，企业的目标就无法实现，所以虽然移动行业业内人士认为农村移动市场还是一片"蓝海"，参与农村移动商务市场开发的企业也仍然还需要认真地分析农村用户行为和特点，开发设计合适的移动服务内容以满足农村用户的需要，从而实现其企业目标。

（1）发挥自身优势，明确在农村移动商务业务发展中的定位。为农村移动商务提供相关服务的企业包括移动运营商、移动内容提供商、移动服务提供商、移动终端制造商和第三方服务提供商，这些不同的参与者在农村移动商务业务的实施中承担不同的角色，完成不同的任务，需要明确各自在农村移动商务中的定位，根据各自参与移动商务的核心优势设计参与移动商务的方式和内容为实现各自企业的最终目标服务。

（2）充分利用移动技术优势，发展差异化、个性化和便捷化的服务。移动商务的农村应用可以充分利用移动技术在便利性及可以进行用户定位和识别等方面特点，发展具有地域特征的业务面向一定地域范围的用户进行推广，发展具有差异化、个性化特点的更加贴近用户需求的业务内容。在不同地区的不同群体或不同的用户个体参与移动商务的需要可能存在较大的差异，针对不同类型用户提供差异化的服务将能较好满足其需要，甚至可以进一步推出一些面向不同用户个体的移动商务内容，进行一对一的个性化服务，这样一方面可以提高用户满意度，另一方面也可以最大化企业的经济利益。由于农村用户在知识文化方面的制约，复杂的业务操作将是其采用移动商务的严重障碍，农村用户使用移动商务所需要的努力越少其今后使用的可能性越大，因此企业开展面向农村的移动商务业务时需要尽可能使业务操作简单化、便捷化。目前移动运营商和终端制造商专门针对农村用户开发的相关操作简便易用的终端设备是一种很好的尝试。除了在终端设备上注意操作的便捷性，在业务实现的流程和服务获取的方式上也可以尽可能以易用为基本原则，这样将大大促进农村用户对于移动商务的接受和使用。

（3）服务内容上注重提供精准定位于农村的移动商务服务。开发农村移动商务市场，需要相关移动服务提供商加强研究农村用户的实际需求，面向农村开发具有针对性的信息服务内容和模式，提供精准定位于农村的信息服务内容，贴近农民生产生活的实际需要。通过提高移动信息服务的易用性和有用性，可以有效提高农村移动信息服务的普及率和使用率。农村迫切需要的相关信息包括农产品市场购销信息、农业技术信息、劳务需求信息、天气信息等，如果服务商能够为农民提供具有较强的时效性和针对性的信息使农民从中体验到移动信息服务的好处，其使用率必将会得到大大提高。而对于服务商来说，不同地区的不同农村用户所关注的信息存在一定的差别，在提供信息内容上也需要区别对待，这也是移动通信可以方便地进行个性化服务的一个方面优势的发挥。

（4）提高移动业务的服务质量。相关移动业务的服务质量关系到用户进一步使用新兴业务的意向和行为，因此提高当前有关业务的客户满意度也是服务商需要特别重视的问题。服务商可以通过提供给用户更多自主选择权、更加有用、便捷、及时的服务内容等方式提高用户的满意度，进而促进用户的使用行为。本研究的实证分析结果表明农村移动用户对于移动服务的满意和信任显著影响到其后续使用行为，因此提高面向农村的移动业务满意度是移动商务企业需要重点注意的问题。

（5）降低用户的使用成本。实证分析的结论显示，由于农村居民收入相对较低，较高的移动信息服务使用成本将会给有使用意向的用户的预期使用行为带来显著的负面影响，因此降低用户的使用成本也是提高用户接受和使用的一个重要措施。面向农民的移动信息服务作为新兴业务推出时的初期可以采用免费试用或者低价使用等方式吸引用户，而当用户达到一定规模则可以通过规模效应降低服务商的成本仍然提供低价位的服务，这样可以形成一个良性循环的过程，从而提高移动信息服务在农村的普及率和使用率。

7.6 本章小结

本章探讨了基于移动通信技术在农村应用的突出优势，农村移动商务可以为农村社会经济生活提供多种适合我国农村特点的支持服务，包括农村移动信息服务模式提供的及时、丰富的相关信息服务为农村生产生活提供决策支持服务；农村移动营销模式提供的面向农村用户的营销活动提供支持服务；农村移动交易模式对农产品销售和农资及消费品的购买提供交易支持服务；移动商务还可以与现代农业信息化的其他技术相结合促进农业和农村信息化的实现。农村移动商务更加广泛和深入的发展和应用需要相关各方采取积极的促进措施，特别是有关企业和政府主管部门需要采取有效措施在其中发挥重要作用。

第 8 章
总结与研究展望

8.1 全书总结

本书通过理论分析、调查研究、实证分析和案例探讨分析研究了移动服务在我国农村应用的特点，构建了农村移动商务接受的研究框架，重点从当前农业信息化存在的问题、移动通信技术的特点和农村用户接受相结合的视角分析研究了发展农村移动商务的意义和可行性，实证研究了农村用户对于移动商务的接受行为，结合对两大移动运营商的农村移动服务品牌的案例分析探讨了移动商务在我国农村应用的技术任务匹配问题，提出了我国农村移动商务发展的主要商业模式及相关发展对策。具体研究内容如下。

（1）在分析移动商务特点和对相关研究进行综述的基础上，以技术接受理论和任务技术匹配理论为基本理论依据构建了农村移动商务用户接受模型和农村移动商务任务技术匹配模型。在技术接受模型的最新扩展模型技术接受和使用整合模型（UTAUT）的基础上，将移动商务使用的成本因素结合进来，并考虑到信任和满意对接受行为的影响建立了农村移动商务接受的整合模型。基于任务技术匹配理论的基本思路对农村移动商务技术特点、任务特点及任务技术之间的匹配分析建立了初步的研究框架。

（2）分析了我国农村用户信息需求的特征和农村信息化存在的问题，基于生产函数理论实证研究了信息化投入和农业产出的关系，初步探讨了基于移动通信技术的农业信息化的可行性。我国农村信息化发展中存在突出的问题，基于修正的 C-D 生产函数运用近几年的面板数据进行实证研究的结论表明近几年农村信息设备投入对农业产出的贡献并不明显；进一步的分析表明移动通信技术的优势可以较好地解决农业信息化的"最后一公里"问题，并给农业和农村经济发展带来实际的经济贡献。

（3）对我国目前两大农村移动服务品牌"农信通"和"农业新时空"进

行了案例比较分析，并基于任务技术匹配理论对农村移动商务和农业生产全过程进行了匹配分析。对两大农村移动商务应用品牌的案例分析表明两大运营商推出的农村移动商务应用具有较大的相似性，同时也有各自的特色，而进一步的任务技术匹配的分析证明农村移动商务符合我国农村用户的特点，可以有效地支持农业生产过程的各环节促进农业生产效益的提高。

（4）在实地问卷调查的基础上，对构建的移动信息服务接受研究整合模型进行了实证研究。通过运用结构方程分析的方法，发现实证调查的数据表明与其他信息技术的接受行为相类似农村消费者接受移动信息服务的意向受到使用移动信息服务的社会影响和努力期望（易用性）及感知的满意度直接的正向影响，而绩效期望（有用性）、信任和努力期望又通过影响感知的满意度这一中介变量进而影响到消费者的接受意向。消费者预期的使用行为受到行为意向、感知的满意和便利条件的正向影响，而受到成本因素直接的负向影响。

（5）基于商业模式理论分析了适合我国农村特点的移动商务的主要模式，并基于模式分析和理论和实证研究的结论提出了农村移动商务发展的策略。基于商业模式的分析框架从服务内容、主要参与者和利润来源三个方面分析了农村移动信息服务、农村移动营销和农村移动交易三种主要的农村移动商务模式；结合理论分析和实证研究的结论从企业和政府不同的层面提出了发展农村移动商务的策略。

8.2 研究展望

移动商务正在理论研究和实践应用界逐渐成为热点问题，而对于我国广大农村地区移动商务应用问题的研究也将成为一个研究重点。由于我国农村独具特色、地域广阔，区域经济发展和社会文化差异较大，城乡差异也比较突出，本书重点从用户接受的视角对我国农村移动商务的应用问题进行了探讨，但是由于我国农村的复杂性，本书仅针对基于中部条件的一般农村及农业生产活动的特点展开研究，得到了一些有一定理论和现实意义的结论，但是农村移动商务的应用还有许多问题可以从各种不同的角度进行进一步的深入研究。

（1）基于多种相关理论对农村移动商务接受行为进行更加广泛和深入的研究，在理论模型上更加深入探讨，构建更加符合农村移动商务接受行为的研究框架，从地域和时间上将研究视野进一步扩展，获取更多具有典型代表性的实证数据进行实证研究，包括随着时间变化的动态研究、基于不同理论模型的比较研究，也可以运用动态模拟等方法分析探讨农村移动商务的发展演变和不同阶段的接受行为特点等。

（2）开展对不同地域农村移动商务接受和应用差异的比较研究和移动商务城乡应用的比较研究。我国农村地域广阔，各地区在经济文化上的差异较大，可以进行横向的比较分析，以探讨农村移动商务在不同地区农村的应用和接受特征，同时对于城乡之间的差异的研究也有助于分析和了解城乡接受和应用行为的差异。

（3）农村移动商务资源的优化配置和成本效益研究。本研究虽然分析探讨了农村移动商务应用意义和可行性的问题，但是农村移动商务相关资源如何有效优化配置，各方参与者在不同移动商务模式中的成本效益如何都需要进一步深入的研究为农村移动商务发展提供理论支持。对农村移动商务的支持服务也需要开展相关研究。移动商务的应用给农村经济和社会发展带来实际的经济贡献如何，需要进一步从理论和实证研究的角度加以分析研究。

（4）基于制度演化和行为经济学等理论的农村移动商务研究。借助于制度经济学、行为经济学和信息经济学等理论和方法，可以对农村移动商务发展进行深入和分析和探讨，从经济学的角度对农村移动商务发展和应用进行研究有助于深入认识和理解农村移动商务的发展特点，为制定农村移动商务发展策略提供理论支持。

此外，还可以在研究方法和研究内容进行其他的扩展，如进行移动商务接受行为的实验研究、对我国农村移动商务市场进行发展预测研究，对农村移动商务需要的相关支持服务展开分析研究等。

参 考 文 献

艾瑞咨询 . 2006. 中国移动商务研究报告 . http：//www. iresearch. com. cn ［2007-05-20］.

艾瑞咨询 . 2007a. 中国移动增值服务市场研究报告 . http：//www. iresearch. com. cn ［2008-12-10］.

艾瑞咨询 . 2007b. 中国无线营销研究报告 . http：//www. iresearch. com. cn ［2008-12-10］.

艾瑞咨询 . 2007c. 2007～2008 年中国 3G 增值新业务行业发展报告 . http：//www. iresearch. com. cn ［2009-03-07］.

白桂清 . 2010. 新农村信息化建设模式与对策研究 . 情报科学，（7）：985-989.

蔡志坚 . 2010. 农村信息化背景下农户技术接受模型及实证研究 . 科技进步与对策，27（21）：52-55.

曹卫彬，杨邦杰，裴志远，等 . 2004. 我国农情信息需求调查与分析 . 农业工程学报，20（1）:147-151.

陈远，郑珊 . 2010. 我国移动商务研究论文计量研究 . 情报杂志，（S2）：5-8.

陈天娇，胥正川，黄丽华 . 2007. 情景感知服务的用户接受模型研究 . 科技进步与对策，24（2）:142-147.

陈晓玲 . 2006. 关于推进农业信息标准化的思考 . 农业经济问题，（3）：75-77.

陈殷 . 2005. 中国移动通讯市场竞争及规制研究 . 复旦大学 ［博士学位论文］.

迟秀全 . 2006. 手机短信平台与推进我国农业信息化的探讨 . 安徽农业科学，34（18）：4808-4811.

褚燕，黄丽华 . 2006. 基于任务技术匹配理论的移动技术采纳案例研究∥黄京华，王刊良，邵培基，等 . CNAIS2006-信息技术采纳：理论发展与中国实践 . 成都：电子科技大学出版社 .

邓朝华，鲁耀斌，张金隆 . 2007. 基于 TAM 和网络外部性的移动服务使用行为研究 . 管理学报，4（2）：216-221.

邓朝华，张亮，张金隆 . 2012. 基于荟萃分析方法的移动商务用户采纳研究 . 图书情报工作，（18）：137-143.

傅洪勋 . 2002. 中国农业信息化发展研究 . 农业经济问题，（11）：44-47.

工业和信息化部 . 2011. 2011 年上半年全国通信业运行状况；http：//www. miit. gov. cn/n11293472/n11293832/n11294132/n12858447/13980292. html ［2011-12-17］.

郭志刚 . 1999. 社会统计分析方法——SPSS 软件应用 . 北京：中国人民大学出版社 .

郭迅华 . CNAIS 2006-信息技术采纳：理论发展与中国实践 . 成都：电子科技大学出版社，1-6.

国家统计局农村社会经济调查司 . 2006. 中国农村住户调查年鉴（2010）. 北京：中国统计出版社 .

何德华，韩晓宇，李优柱 . 2014. 生鲜农产品电子商务消费者购买意愿研究 ［J］. 西北农林科技大学学报（社会科学版），14（4）：85-91.

何德华，鲁耀斌．2008．移动商务技术接受问题的研究述评［J］．电子科技大学学报（社会科学版），(5)：46-50.

何德华，鲁耀斌．2009a．移动营销：基于短信息服务的消费者接受实证研究．商业研究，(4)：127-131.

何德华，鲁耀斌．2009b．农村居民接受移动信息服务行为的实证分析．中国农村经济，(1)：70-81.

何德华，周德翼，周向阳，等．2007．食用农产品安全信息管理机制研究［J］．湖北社会科学，(3)：92-96.

何绮云，黄樑，王众．2006．基于短信的农业信息服务模式与推广对策．情报学报，25：176-179.

黄京华，王刊良，邵培基，等．CNAIS2006－信息技术采纳：理论发展与中国实践．成都：电子科技大学出版社．1-6.

黄水清．2012．农村信息化与农村居民信息行为．图书情报工作，(12)：38.

黄志文．2009．我国农村信息化水平评价研究．科技进步与对策，(23)：158-162.

侯杰泰，温忠麟，成子娟．2004．结构方程模型及其应用．北京：教育科学出版社．

姜惠莉，张翠红，王艳霞．2006．当前农村信息需求的特点及对策研究．河北师范大学学报（哲学社会科学版），29 (5)：155-158.

雷娜，赵邦宏．2007．农户信息需求与农业信息供需失衡的实证研究．农业经济，3：37-39.

雷娜，赵邦宏，杨金深，等．2007．农户对农业信息的支付意愿及影响因素分析——以河北省为例．农业技术经济，3：108-112.

李瑾，赵春江，张正．2012．三网融合与农村信息化：机遇、困境及路径选择．农业经济问题，(10)：105-109.

李岩．2005．中国利用后发优势发展成为世界移动商务大国的分析．管理世界，7：162，165.

林家宝，鲁耀斌，卢云帆．2011．移动商务环境下消费者信任动态演变研究．管理科学，(6)：93-103.

刘颖，周玉芝，毕杰，等．2003．经济全球化趋势下农业信息用户信息需求新特征．农业图书情报学刊，5：107-109.

鲁耀斌，陈晓亮．2005．网上信任影响因素层次模型分类研究．管理学报．2：89-92

鲁耀斌，邓朝华，章淑婷．2007．基于 Trust-TAM 的移动服务消费者采纳研究．信息系统学报，1 (1)：46-59.

鲁耀斌，董园园．2005．电子商务信任问题理论框架研究．管理学报，2 (5)：522-527.

鲁耀斌，沈平，陈致豫．2007．基于 TTF 的不同类型的组织移动商务采纳案例研究．工业技术经济，26 (6)：48-53.

鲁耀斌，徐红梅．2006．技术接受模型（TAM）的实证研究综述．科研管理，18 (3)：93-99.

鲁耀斌，徐红梅．2005．技术接受模型及其相关理论的比较研究．科技进步与对策，

22（10）：176-179.

鲁耀斌，周涛．2007．电子商务信任．武汉：华中科技大学出版社．

梅方权．2001．农业信息化带动农业现代化的战略分析．中国农村经济，（12）：22-26.

梅方权．2003．当代农业信息科学技术的发展与中国的对策．计算机与农业，（2）：3-5.

梅方权．2007．中国农村低成本信息化发展模式的选择．中国信息界，5：11-15.

闵庆飞，季绍波，韩维贺，等．2006．针对中国移动商务采纳的 UTAUT 模型改进∥黄京华，王刊良，邵培基，郭迅华．CNAIS2006-信息技术采纳：理论发展与中国实践．成都：电子科技大学出版社．

闵庆飞，季绍波，孟德才．2008．移动商务采纳的信任因素研究．管理世界，（12）：184-185.

钮志勇，戚国强，王立舒，等．2006．关于农业信息化最后一公里的探讨与实践．农机化研究，（8）：36-37.

盛晏．2006．信息经济学视角下农户对信息需求的困境．科技和产业，（3）：34-37.

汤曼，夏建群．2013．中美农村信息化比较研究．图书馆理论与实践，（2）：39-43.

汤曼，夏建群．2014．农村信息化主要问题研究．图书馆理论与实践，（6）：38-41.

万忠，黄樑，严霞，等．2006．广东农业信息服务模式及其启示．情报学报，25（10）：167-171.

王亚东，黄梯云，赵春江．2002．中国农业信息化建设研究．情报学报，21（2）：214-218.

王育菁．2006．中国农业信息化进程中的障碍与对策．决策参考，5：40-41.

王志强，甘国辉．2005．基于 WAP 的农业信息网站构建与开发．农业工程学报，21（7）：181-183.

魏秀芬．2005．我国农村市场信息服务和市场信息需求利用分析——结合天津市的调查．中国农村经济，5：54-62.

温忠麟，侯杰泰，张雷．2005．调节效应与中介效应的比较和应用．心理学报，37（2）：268-274.

乌东峰．2006．以信息化带动中国农业现代化．求是，4：37-38.

吴晓波，章小初，陈小玲．2011．B-C 移动商务价值主张实证研究．管理工程学报，（4）：213-221.

肖军．2007．充分利用移动信息手段推动社会主义新农村信息化．第三届农业网站发展论坛暨农业商务信息服务研讨会．http：//www. agri. gov. cn/ztzl/xxgzjyjl/fzlt/t20070917_891662. htm［2007-12-17］.

信息产业部．2007a. 2006 年全国通信业发展统计公报．http：//www. mii. gov. cn/art/2007/2002/2009/art_2169_28756. html［2009-12-18］.

信息产业部．2007b. 2007 年 10 月通信行业统计月报，信息产业部．http：//www. mii. gov. cn/art/2007/2011/2027/art_2166_34929. html［2009-12-18］.

信息产业部．2007c. 2007 年 9 月通信行业统计月报．http：//www. mii. gov. cn/art/2007/2010/2025/art_2166_34032. html［2009-12-18］.

信息产业部.2007d. 中国联通 2007 年上半年服务质量报告. http：//www. mii. gov. cn/art/
　　2007/2008/2015/art_1101_32829. html ［2009-12-18］.

信息产业部.2007e. 中国移动通信集团公司 2007 年下半年服务质量状况报告. http//
　　www. mii. gov. cn/art/2008/2001/2015/art_1101_35869. html ［2009-12-18］.

信息产业部.2008. 2007 年全国通信业发展统计公报. http：//www. mii. gov. cn/art/2008/
　　2002/2019/art_2169_36206. html ［2009-12-18］.

严霞，江菲，曾志康，等.2006. 手机短信在农业科技信息服务中的应用与展望. 广东农业
　　科学，4：90-93.

杨诚，蒋志华.2009. 我国农村信息化评价指标体系构建. 情报杂志，（2）：24-27.

杨光明，鲁耀斌，刘伟.2009. 移动商务消费者初始信任影响因素的实证研究. 情报杂志，
　　（7）：175-179.

袁雨飞，王有为，胥正川，等.2006. 移动商务. 北京：清华大学出版社.

曾文武.2006. 农村信息服务最后一公里解决方案. 情报科学，24（12）：1832-1836.

张金隆，帅传敏.2001. 农业信息化发展的对策研究. 科技进步与对策，9：79-80.

张莉，张艳，刘福江，等.2011. 农村信息化对农民生计改善的影响分析. 农业技术经济，
　　（05）：13-19.

张楠，郭迅华，陈国青.2006. 信息技术初期接受扩展模型及其实证研究，系统工程理论与
　　实践.9：123-130.

张西华.2006. 农村通信对农业信息化发展的影响. 经济论坛，5：121-122.

张艳梅，王坚.2010. 移动网络运营商的移动商务商业战略研究. 科技管理研究，（20）：
　　200-202.

张忠德.2009. 美、日、韩农业和农村信息化建设的经验及启示. 科技管理研究，（10）：
　　279-281.

赵元凤.2002. 发达国家农业信息化的特点. 中国农村经济，7：74-78.

郑红维.2001. 关于农业信息化问题的思考. 中国农村经济，12：27-31.

中国互联网络信息中心.2007. 2007 年中国农村互联网调查报告，中国互联网络信息中心：
　　北京，2007.8；http：//www. cnnic. net. cn/uploadfiles/doc/2007/2009/2007/132316. doc
　　［2008-01-16］.

中国互联网络信息中心.2008. 中国互联网络发展状况统计报告（2008 年 1 月），北京；
　　http：//www. cnnic. net. cn/uploadfiles/pdf/2008/2001/2017/104156. pdf ［2008-04-24］.

Agarwal R，Karahanna E. 2000. Time flies when you're having fun：cognitive absorption and beliefs
　　about information technology usage. MIS Quarterly，24（4）：665-694.

Ajzen I. 1991. The theory of planned behavior. Organizational Behavior and Human Decision
　　Processes，50（2）：179-211.

Ajzen I. 2002. Residual effects of past on later behavior：habituation and reasoned action perspec-
　　tives. Personality & Social Psychology Review，6（2）：107-122.

Ajzen I. 1985. From Intentions to Actions：A Theory of Planned Behavior. Berlin：Springer.

Ajzen I, Fishbein M. 2000. Attitudes and the attitude-behavior relation: reasoned and automatic processes. European Review of Social Psychology, 11 (1): 1-33.

Ajzen I, Fishbein M. 2005. The Influence of attitudes on behavior // Johnson D, Zanna M P. The Handbook of Attitudes. Mahwah: Erlbaum.

Ajzen I, Fishbein M. 1980. Understanding Attitudes and Predicting Social Behavior. New Jersey: Prentice-Hall, Inc.

Alba J W, Hutchinson J W. 1987. Dimensions of consumer expertise. Journal of Consumer Research, 13 (4): 411-454.

Al-Gahtani S S, Hubona G S, Wang J. 2007. Information technology (IT) in Saudi Arabia: culture and the acceptance and use of IT. Information & Management, 44 (4): 681-691.

Amberg M, Hirschmeier M, Wehrmann J. 2004. The compass acceptance model for the analysis and evaluation of mobile services. International Journal of Mobile Communications, 2 (3): 248-259.

Anckar B, Carlsson C, Walden P. 2003. Factors affecting consumer adoption decisions and intents in mobile commerce: empirical insights. 16th Bled eCommerce Conference eTransformation. Bled, Slovenia.

Anderson J E, Schwager P H. 2004. SME adoption of wireless LAN technology: applying the UTAUT model. proceedings of the 7th annual conference of the southern association for information systems. savannah, Georgia, USA.

Anil S, Ting L T, Moe L H, et al. 2003. Overcoming barriers to the successful adoption of mobile commerce in Singapore. International Journal of Mobile Communications, 1 (1): 194-231.

Armida E. 2008. Adoption process for VOIP: the Influence of trust in the UTAUT model, Unpublished Ph. D. Dissertation, Purdue University.

Bagozzi R P. 2007. The legacy of the technology acceptance model and a proposal for a paradigm shift. Journal of the AIS, 8 (4): 244-254.

Bakan D. 1966. The Duality of Human Existence. Chicago: Rand McNally.

Balasubramanian S, Peterson R A, Jarvenpaa S L. 2002. Exploring the implications of M-Commerce for markets and marketing. Journal of the Academy of Marketing Science, 30 (4): 348-361.

Banderker N, Belle J P V. 2006. Mobile technology adoption by doctors in public healthcare in the Western Cape, South Africa. Proceedings of the 14th European Conference on Information Systems (ECIS2006). Gteborg, Sweden.

Baron R M, Kenny D A. 1986. The moderator-mediator variable distinction in social psychological research: conceptual, strategic, and statistical considerations. Journal of Personality and Social Psychology, 51 (6): 1173-1182.

Bauer H H, Reichardt T, Barnes S J, et al. 2005. Driving consumer acceptance of mobile marketing: a theoretical framework and empirical study. Journal of Electronic Commerce

参
考
文
献

Research, 6 (3): 181-192.

Bedford D W. 2005. Empirical investigation of the acceptance and intended use of mobile commerce: location, personal privacy and trust. Mississippi: Mississippi State University.

Benbasat I, Barki H. 2007. Quo Vadis, TAM. Journal of the AIS, 8 (4): 212-218.

Bhattacherjee A. 2001. Understanding information systems continuance: an expectation confirmation model. MIS Quarterly, 25 (3): 351-370.

Bohnenberger T, Jameson A, Krüger A, et al. 2002. User acceptance of a decision theoretic location aware shopping guide. Proceedings of 2002 International Conference on Intelligent User Interfaces (IUI'02). San Francisco, California, USA: ACM.

Brown S A, Venkatesh V. 2005. Model of adoption of technology in the household: a baseline model test and extension incorporating household life cycle. MIS Quarterly, 29 (4): 399-426.

BrunerII G C, Kumar A. 2005. Explaining consumer acceptance of handheld Internet devices. Journal of Business Research, 58 (5): 553-558.

Carroll A, Barnes S J, Scornavacca E. 2005. Consumers perceptions and attitudes towards SMS mobile marketing in New Zealand. Proceedings of the International Conference on Mobile Business (ICMB'05). Sydney Australia: IEEE Computer Society, 434-440.

Carte T A, Russeil C J. 2003. In pursuit of moderation: nine common errors and their solutions. MIS Quarterly, 27 (3): 479-501.

Chae M, Kim J. 2004, Size and structure matter to mobile users: an empirical study of the effects of screen size, information structure, and task complexity on user activities with standard web phones. Behaviour & Information Technology, 23 (3): 165-181.

Chan K Y, Gong M, Xu Y, et al. 2008. Examining user acceptance of SMS: an empirical study in china and hong Kong, in Proceedings of 12th Pacific Asia Conference on Information System, Suzhou, China, July 3-7.

Chan S S, Fang X, Brzezinski J, et al. 2002. Usability for mobile commerce across multiple form factors. Journal of Electronic Commerce Research, 3 (3): 187-199.

Chau P Y K, Hui K L. 1998. Identifying early adopters of new IT products: a case of Windows 95, Information & Management, 33 (5): 225-230.

Cheong J H, Park M C. 2005. Mobile internet acceptance in Korea. Internet Research: Electronic Networking Applications and Policy, 15 (2): 125-140.

Cheong J H, Park M C, Hwang J H. 2004. Mobile payment adoption in Korea: switching from credit card. connecting societies and markets: communication technology, policy and impacts ITS 15th Biennial Conference. Berlin, Germany.

Chu Y, Huang L. 2005. Mobile business applications adoption model based on the concepts of Task/Technology Fit. 2005 International Conference on Services Systems and Services Management (ICSSSM05). Chongqing, China: IEEE.

Cobb C W, Douglas P H. 1928. A theory of production. American Economic Review, 18 (1):

139-165.

Cortez E M. 1999. Research, education, and economics information system: an engine for strategic planning and information policy development at the U. S. Department of Agriculture. Journal of Government Information, 26 (2): 119-129.

Coursaris C, Hassanein K. 2002. Understanding m-commerce. Quarterly Journal of Electronic Commerce, 3 (3): 247-271.

Cox S. 2002. Information technology: the global key to precision agriculture and sustainability. Computers and Electronics in Agriculture, 36 (2-3): 93-111.

Davis F D. 1986. Technology acceptance model for empirical testing new end-user information systems: theory and results. [Ph. D. Thesis]. Sloan School of Management, Massachusetts Institute of Technology.

Davis F D, Venkatesh V. 2004. Toward preprototype user acceptance testing of new information systems: implications for Software Project Management. IEEE Transactions on Engineering Management, 51 (1): 31-46.

Davis F D, Warshaw R P. 1989, User acceptance of computer technology: a comparison of two theoretical models. Management Science, 35 (8): 982-1003.

Deaux K, Kite M. 1987. Thinking about Gender // Hess B B, Ferree M M. Analyzing Gender: A Handbook of Social Science Research, Beverly Hills: Sage Publications.

Dewan S G, Chen L D. 2005. Mobile payment adoption in the US: a cross-industry, cross-platform solution. Journal of Information Privacy & Security, 1 (2): 4-28.

Dishaw M T, Strong D M. 1999. Extending the technology acceptance model with task-technology fit constructs. Information & Management, 36 (1): 9-21.

Dodds W B, Monroe K B, Grewal D. 1991. Effects of price, brand, and store information on buyers. Journal of Marketing Research, 28 (3): 307-319.

Elliott G, Phillips N. 2004. Mobile Commerce and Wireless Computing Systems. England: Pearson Educations Limited.

Fan Y, Saliba A, Kendall E A, et al. 2005. Speech interface: an enhancer to the acceptance of M-commerce applications. The Fourth International Conference on Mobile Business, (ICMB 2005). Sydney, Australia: 2005. 445-451.

Fang X, Chan S, Brzezinski J, et al. 2003. A study of task characteristics and user intention to use handheld devices for mobile commerce. Proceedings of the Second Annual Workshop on HCI Research in MIS. Seattle, WA.

Fang X, Chan S, Brzezinski J, et al. 2005. Moderating effects of task type on wireless technology acceptance. Journal of Management Information Systems, 22 (3): 123-157.

Fife E, Hillebrandt M, Pereira F, et al. 2006. The diffusion of networked gaming in the United States and Korea. Helsinki Mobility Roundtable. Helsinki.

Fife E, Pereira F. 2005. Global acceptance of technology (GAT) and demand for mobile data services. in: Hong Kong Mobility Roundtable. Hong Kong.

Fishbein M, Ajzen I. 1975. Belief, attitude, intention and behavior: an introduction to theory and research. Mass: Addison-Wesley Publishing Company.

Fithian R, Iachello G, Moghazy J, et al. 2003. The design and evaluation of a mobile location-aware handheld event planner. in: Proceedings of Mobile HCI 2003, LNCS 2795. Heidelberg New York: Springer, Berlin: 145-160.

Fogelgren-Pedersen A. 2005. The mobile internet: the pioneering users' adoption decisions. Proceedings of the 38th Hawaii International Conference on System Sciences (HICSS'05).

Fogelgren-Pedersen A, Andersen K V, Jelbo C. 2003. The paradox of the Mobile Internet: Acceptance of gadgets and rejection of innovations. 16th Bled eCommerce Conference eTransformation. Bled, Slovenia.

Frolick M N, Chen L D. 2004. Assessing M-Commerce opportunities. Information Syatems Management, 21 (2): 53-61.

Gebauer J, Shaw M J. 2004. Success factors and impacts of mobile business applications: results from a mobile e-Procurement study. International Journal of Electronic Commerce, 8 (3): 19-41.

Gebauer J, Shaw M J, Zhao K K. 2003. The efficacy of wireless B2B e-Procurement: a pilot study. Proceedings of the 36th Annual Hawaii International Conference on System Science (HICSS'03). Hawaii: IEEE.

Goodhue D L. 2007. Comment on benbasat and Barki's "Quo Vadis TAM" Article. Journal of the AIS, 8 (4): 219-222.

Goodhue D L, Thompson R L. 1995. Task-technology fit and individual performance. MIS Quarterly, 19 (2): 213-236.

Greenwood W T. 1974. Future management theory: a "comparative" evolution to a general theory. Academy of Management Journal, 17 (3): 503-513.

Gupta B, Dasgupta S, Gupta A. 2008. Adoption of ICT in a government organization in a developing country: an empirical study. Journal of Strategic Information Systems, 17 (2): 140-154.

Hall D, Mansfield R. 1975. Relationships of age and seniority with career variables of engineers and scientists. Journal of Applied Psychology, 60 (3): 201-210.

Haque A. 2004. Mobile commerce: Customer perception and it's prospect on business operation in Malaysia. The Journal of American Academy of Business, 4: 257-262.

Hasher L, Zacks R T. 1979. Automatic and effortful processes in memory. Journal of Experimental Psychology: General, 108 (3): 356-388.

He D, Lu Y. 2007a. An integrated framework for mobile business acceptance. The Sixth Wuhan International Conference on E-Business. Wuhan: 305-313.

He D, Lu Y. 2007b. Consumers perceptions and acceptances towards mobile advertising: an empirical study in China. International Conference on Wireless Communications, Networking and Mobile Computing, 2007. Shanghai, China: IEEE, 3770-3773.

He D, Lu Y, Zhou D. 2008. Empirical study of consumers' purchase intentions in C2C electronic commerce. Tsinghua Science and Technology, 13 (3): 287-292.

Heady E O, Dillon J L. 1961. Agricultural Production Functions. Iowa: The Iowa Stata University Press.

Henning M, Jardim A. 1977. The Managerial Woman, Garden City. NY: anchor press.

Hirschman E C. 1980. Innovativeness, novelty seeking, and consumer creativity. Journal of Consumer Research, 7 (3): 283-295.

Hitt L M, Chen P Y. 2005. Bundling with customer self-selection: a Simple approach to bundling low-marginal-cost goods. Management Science, 51 (10): 1481-1493.

Ho S Y, Kwok S H. 2003. The attraction of personalized service for users in mobile commerce: an empirical study. ACM SIGecom Exchanges, 3 (4): 10-18.

Holbrook M B, Hirschman E C. 1982. The experiential aspects of consumption: consumer fantasies, feelings, and fun. Journal of Consumer Research, 9 (2): 132-140.

Hong S J, Thong J Y L, Tam K Y. 2006. Understanding continued information technology usage behavior: a comparison of three models in the context of mobile internet. Decision Support Systems, 42 (3): 1819-1834.

Hong U J, Tam K Y. 2006. Understanding the adoption of multipurpose information appliances: The case of mobile data services. Information Systems Research, 17 (2): 162-179.

Hsu C L, Lu H-P, Hsu H-H. 2006. Adoption of the mobile internet: an empirical study of multimedia message service (MMS). Omega, 35 (6): 715-726.

Hung S-Y, Chang C-M. 2005. User acceptance of WAP services: test of competing theories. Computer Standards & Interfaces, 27 (4): 359-370.

Hung S-Y, Ku C-Y, Chang C-M. 2003. Critical factors of WAP services adoption: an empirical study. Electronic Commerce Research and Applications, 2 (1): 42-60.

Igbaria M, Zinatelli N, Cragg P, et al. 1997. Personal computing acceptance factors in small firms: a structural equation model. MIS Quarterly, 21 (3): 279-305.

Jaccard J, Turrisi R, Wan C K. 1990. Interaction Effects in Multiple Regression. Newbury Park: Sage Publications.

Jasperson J, Carter P E, Zmud R W. 2005. A comprehensive conceptualization of the post-adoptive behaviors associated with IT-Enabled work systems. MIS Quarterly, 29 (3): 525-557.

Jennings J M, Jacoby L L. 1993. Automatic versus intentional uses of memory: aging, attention, and control. Psychology and Aging, 8 (2): 283-293.

Johns G. 2006. The essential impact of context on organizational behavior. Academy of Management Review, 31 (2): 386-408.

Kaasinen E. 2005. User acceptance of mobile services-value, ease of use, trust and ease of adoption. ［Ph. D. Thesis］. Tampere University of Technology.

Karjaluoto H, Karvonen J, Kesti M, et al. 2005. Factors affecting consumer choice of mobile phones: two studies from Finland. Journal of Euromarketing, 14 (3): 59-82.

Kearney A K. 2003. Mobinet index. Chicago: Kearney and Cambridge University.

Khalifa M, Sammi K N C. 2002. Adoption of mobile commerce: Role of exposure. in: Proceedings of the 35th Hawaii International Conference on System Sciences (HICSS'02). Hawaii: IEEE.

Khalifa M, Shen K N. 2006. Determinants of M-Commerce adoption: an integrated approach // Irani P Z, Sarikas M O D, Llopis P J, et al. Proceedings of the European and Mediterranean Conference on Information Systems (EMCIS) 2006. Costa Blanca, Alicante, Spain.

Kim H W, Chan H C, Gupta S. 2007. Value-Based adoption of mobile internet: an empirical investigation. Decision Support Systems, 43 (1): 111-126.

Kim S S, Malhotra N K. 2005. A longitudinal model of continued IS use: an integrative view of four mechanisms underlying post-adoption phenomena. Management Science, 51 (5): 741-755.

Kim S S, Malhotra N K, Narasimhan S. 2005. Two competing perspectives on automatic use: a theoretical and empirical comparison. Information Systems Research, 16 (4): 418-432.

Kleijnen M, Ruyter K D, Wetzels M. 2004. Consumer adoption of wireless services: Discovering the rules, while playing the game. Journal of Interactive Marketing, 18 (2): 51-61.

Kleijnen M, Wetzels M, Ruyter K D. 2004. Consumer acceptance of wireless finance. Journal of Financial Services Marketing, 8 (3): 206-217.

Knutsen L, Constantiou I D, Damsgaard J. 2005. Acceptance and perceptions of advanced mobile services: alterations during a field study. Proceedings of the International Conference on Mobile Business (ICMB'05). Sydney, Australia: IEEE Computer Society: 326-332.

Krugman H E. 1966. The measurement of advertising involvement. Public Opinion Quarterly, 30 (4):583-596.

Kumar S, Zahn C. 2003. Mobile communications: evolution and impact on business operations. Technovation, 23 (6): 515-520.

Kwon H S, Chidambaram L. 2000. A test of the technology acceptance model: the case of cellular telephone adoption. Proceedings of the 33rd Hawaii International Conference on System Sciences. Hawaii: IEEE.

Lee C-C, Cheng H K, Cheng H-H. 2007. An empirical study of mobile commerce in insurance industry: task-technology fit and individual differences. Decision Support Systems, 43 (1): 95-110.

Lee H, Cho H J, Xu W, et al. 2010. The influence of consumer traits and demographics on intention to use retail self-service checkouts. Marketing Intelligence & Planning, 28 (1): 46-58.

Lee T, Jun J. 2005. Contextual perceived usefulness? toward an understanding of mobile commerce acceptance. Proceedings of the International Conference on Mobile Business (ICMB'05). Sydney

农村移动商务发展策略：用户接受模型

Australia: IEEE Computer Society: 255-261.

Lee W J, Kim T U, Chung J-Y. 2002. User acceptance of the mobile internet. Proceedings of the First International Conference on Mobile Business (ICMB'02). Athens, Greece.

Lee Y, Kim J, Lee I, et al. 2002. A cross-cultural study on the values structure of mobile internet usage: Comparison between Korea and Japan. Journal of Electronic Commerce Research, 3 (4): 227-239.

Lee Y, Kozar K A, Larsen K R T. 2003. The Technology Acceptance Model: Past, present, and the future. Communications of the AIS, 12: 752-780.

Legris P, Ingham J, Collerette P. 2003. Why do people use information technology? a critical review of the technology acceptance model. Information & Management, 40 (3): 191-204.

Lepp M, Karjaluoto H. 2005. Factors influencing consumers' willingness to accept mobile advertising: a conceptual model. International Journal of Mobile Communications, 3 (3): 197-213.

Liang H, Saraf N, Hu Q, et al. 2007. Assimilation of enterprise systems: the effect of institutional pressures and the mediating role of top management. MIS Quarterly, 31 (1): 59-87.

Limayem M, Hirt S G. 2003. Force of habit and information systems usage: theory and Initial Validation. Journal of the AIS, 4 (1): 65-97.

Limayem M, Hirt S G, Cheung C M K. 2007. How habit limits the predictive power of intentions: The Case of IS Continuance. MIS Quarterly, 31 (4): 705-737.

Lin H-H, Wang Y-S. 2005. Predicting consumer intention to use mobile commerce in Taiwan. Proceedings of the International Conference on Mobile Business (ICMB'05): IEEE.

Lindell M K, Whitney D J. 2001. Accounting for common method variance in cross-sectional research designs. Journal of Applied Psychology, 86 (1): 114-121.

Lu J, Liu C, Yu C-S, et al. 2003. Exploring factors associated with wireless internet via mobile technology acceptance in mainland China. Communications of the International Information Management Association, 3 (1): 101-120.

Lu J, Yao J E, Yu C-S. 2005. Personal innovativeness, social influences and adoption of wireless Internet services via mobile technology. Journal of Strategic Information Systems, 14 (3): 245-268.

Lu J, Yu C-S, Liu C. 2005. Facilitating conditions, wireless trust and adoption intention. Journal of Computer Information Systems, (fall): 17-24.

Lu J, Yu C-S, Liu C. 2006. Gender and age differences in individual decisions about wireless mobile data services: a report from China. in: Helsinki Mobility Roundtable. Helsinki.

Lu J, Yu C-S, Liu C, et al. 2003. Technology acceptance model for wireless Internet. Internet Research, 13 (3): 206-222.

Lu Y, Dong Y, Wang B. 2007. The mobile business value chain in China: a case study. International Journal of Electronic Business, 5 (5): 460-477.

Lu Y, Zhou T. 2007. A research of consumers initial trust in online stores in China. Journal of Research and Practice in Information Technology, 39 (2): 167-179.

Luarn P, Lin H-H. 2005. Toward an understanding of the behavioral intention to use mobile banking. Computers in Human Behavior, 21 (6): 873-891.

Lustig C, Konkel A, Jacoby L L. 2004. Which route to recovery? . Psychological Science, 15 (11):729-735.

Lynott P P, McCandless N J. 2000. The impact of age vs. life experience on the gender role attitudes of women in different cohorts. Journal of Women and Aging, 12 (2): 5-22.

Malhotra A, Segars A H. 2005. Investigating wireless web adoption patterns. the U. S. Communications of the ACM, 48 (10): 105-110.

Malhotra N K, Kim S S, Patil A. 2006. Common method variance in IS research: a comparison of alternative approaches and a reanalysis of past research. Management Science, 52 (12): 1865-1883.

Malladi R, Agrawal D. 2002. Current and future applications of mobile and wireless networks. Communications of the ACM, 45 (10): 144-146.

Mallat N. 2006. Exploring consumer adoption of mobile payments-a qualitative study. Helsinki Mobility Roundtable. Helsinki.

Mallat N, Rossi M, Tuunainen V K, et al. 2006. The impact of use situation and mobility on the acceptance of mobile ticketing services. Proceedings of the 39th Hawaii International Conference on System Sciences. Hawaii.

Mathiesona K, Keil M. 1998. Beyond the interface: ease of use and task/technology fit. Information & Management, 34 (2): 221-230.

Mennecke B E, Strader T J. 2003. Mobile Commerce: Technology, Theory, and Applications. London: IDEA Group Publishing.

Meso P, Musa P, Mbarika V. 2005. Towards a model of consumer use of mobile information and communication technology in LDCs: the case of sub-Saharan Africa. Information Systems Journal, 15 (2): 119-146.

Meyers-Levy J, Maheswaran D. 1991. Exploring differences in males' and females' processing strategy. Journal of Consumer Research, 18 (1): 63-70.

Meyers-Levy J, Tybout A. 1989. Schema congruity as a basis for product evaluation. Journal of Consumer Research, 16 (1): 39-54.

Midgley D F, Dowling G R. 1978. Innovativeness: the concept and its measurement. Journal of Consumer Research, 4 (2): 229-242.

Moore G C, Benbasat I. 1991. Development of an instrument to measure perceptions of adopting an information technology innovation. Information Systems Research, 2 (3): 192-222.

Morris M G, Venkatesh V, Ackerman P L. 2005. Gender and age differences in employee decisions about new technology: an extension to the theory of planned behavior. IEEE Transactions on Engineering Management, 52 (1): 69-84.

Murray K B, Haubl G. 2007. Explaining cognitive lock-in: the role of skill-based habits of use in consumer choice. Journal of Consumer Research, 34 (1): 77-88.

Nam C, Yang D-H, Lee E, et al. 2005. Effect of time of adoption on consumer preference for transport telematics services. Computer Standards & Interfaces, 27 (4): 337-346.

Neas K, Molina J, Hardegree J, et al. 2006. Using personal digital assistants for the 2004 cotton objective yield survey, National Agricultural Statistics Service-Research & Development Division: Washington DC, March 2006, 1-30.

Neufeld D J, Dong L, Higgins C. 2007. Charismatic leadership and user acceptance of information technology. European Journal of Information Systems, 16 (4): 494-510.

Newell A, Rosenbloom P S. 1981. Mechanisms of skill acquisition and the power law of practice // Anderson J R. Cognitive Skills and Their Acquisition. Hillsdale: Lawrence Erlbaum Associates.

NIDA. 2007. Survey on the Computer and Internet Usage, National Internet Development Agency of Korea. http: //isis. nida. or. kr [2008-01-17].

Notani A S. 1998. Moderators of perceived behavioral control's predictiveness in the theory of planned behavior: a meta-analysis. Journal of Consumer Psychology, 7 (3): 247-271.

Nysveen H, Pedersen P E, Thorbjornsen H. 2005. Intentions to use mobile services: antecedents and cross-service comparisons. Journal of the Academy of Marketing Science, 33 (3): 330-346.

OFTA (Office of the Telecommunications Authority) Hong Kong. 2011. Key Telecommunication Statistics. http: //www. ofta. gov. hk/en/datastat/key_ stat. html [2011-05].

Okazaki S. 2005. Mobile advertising adoption by multinationals: senior executives´ initial responses. Electronic Networking Applications and Policy, 15 (2): 160-180.

Osterwalder A, Pigneur Y, Tucci C L. 2005. Clarifying business models: origins, present, and future of the concept. Communications of AIS, 16: 1-25.

Ouellette J A, Wood W. 1998. Habit and Intention in everyday life: the multiple processes by which past behavior predicts future behavior. Psychological Bulletin, 124 (1): 54-74.

Paavilainen J. 2002. Mobile business strategies: understanding the technologies and opportunities. Boston: Addison-Wesley.

Pagani M. 2004. Determinants of adoption of third generation mobile multimedia services. Journal of Interactive Marketing, 18 (3): 46-59.

Pavlou P A, Lie T. 2006. What drives mobile commerce? a model of mobile commerce adoption. Proceedings of the Twenty Seventh International Conference on Information Systems (ICIS 2006). Milwaukee, Wisconsin, U. S. A.

Pedersen P E. 2005. Adoption of mobile Internet services: an exploratory study of mobile commerce early adopters. Journal of Organizational Computing and Electronic Commerce, 15 (3): 203-222.

Pedersen P E. 2003. Instrumentality challenged: the adoption of a mobile parking service. 4th International Conference on the Social and Economic Meanings of Mobile Communications. Grimstad, Norway.

Pedersen P E, Ling R. 2003. Modifying adoption research for mobile Internet service adoption: crossdisciplinary interactions. Proceedings of the 36th Annual Hawaii International Conference on System Science (HICSS'03) Hawaii: IEEE.

Phuangthong D, Malisawan S. 2005. A study of behavioral intention for 3G mobile internet technology: preliminary research on mobile learning. in: Proceedings of the Second International Conference on eLearning for Knowledge-Based Society. Bangkok, Thailand.

Pierce F J, Elliott T V. 2008. Regional and on-farm wireless sensor networks for agricultural systems in Eastern Washington. Computers and Electronics in Agriculture, 61 (1): 32-43.

Pikkarainen T, Pikkarainen K, Karjaluoto H, et al. 2004. Consumer acceptance of online banking: an extension of the technology acceptance model. Internet Research, 14 (3): 224-235.

Pirc M. 2006. Mobile service and phone as consumption system the impact on customer switching. Helsinki: Helsinki Mobility Roundtable.

Plude D J, Hoyer W J. 1985. Attention and performance: identifying and localizing age deficits. Charness N. Aging and Human Performance. London: Wiley.

Posner R A. 1996. Aging and Old age. Chicago: University of Chicago Press.

Rangone A, Renga F M, Balocco R. 2001. Mobile internet: an empirical study of the evolution of the supply of B2C mobile internet applications in Italy. Electronic Markets-International Journal of Electronic Commerce and Business Media, 12 (1): 27-37.

Richardson H A, Simmering M J, Sturman M C. 2009. A tale of three perspectives: examining post hoc statistical techniques for detection and correction of common method Variance. Organizational Research Methods, 12 (4): 762-800.

Ristola A, Kesti M. 2005. The effect on familiar mobile device and usage time on creating perceptions towards mobile services. in: Proceedings of the Fourth International Conference on Mobile Business (ICMB'05). Sydney Australia: IEEE.

Rogers E M. 1962. Diffusion of Innovations. New York: Free Press.

Rogers E M. 1983. Diffusion of Innovations. (3rd). New York: The Free Press.

Ronis D L, Yates J F, Kirscht J P. 1989. Attitudes, decisions, and habits as determinants of repeated behavior. Pratkanis A R, Breckler S J, Greenwald A G. Attitude Structure and Function. Hillsdale: Lawrence Erlbaum Associates.

Rotter G S, Portugal S M. 1969. Group and individual effects in problem solving. Journal of Applied Psychology, 53 (4): 338-341.

Saga V L, Zmud R W. 1994. The nature and determinantsof IT acceptance, routinization, and infusion // Levine L. Diffusion, Transfer and Implementation of Information Technology,

Pittsburgh: Software Engineering Institute, Carnegie Mellon University.

Sarker S, Urbaczewski A, Wells J D. 2003. Understanding hybrid wireless device use and adoption: an integrative framework based on an exploratory study. Proceedings of the 36th Annual Hawaii International Conference on System Science (HICSS03). Hawaii: IEEE.

Sarker S, Wells J D. 2003. Understanding mobile handheld device use and adoption. Communications of the ACM, 46 (12): 35-40.

Scharl A, Dickinger A, Murphy J. 2005. Diffusion and success factors of mobile marketing. Electronic Commerce Research and Applications, 4 (2): 159-173.

Sell A, Patokorpi E, Walden P, et al. 2004. Adoption of mobile communication technology: an empirical study on females working in elderly care. European Conference on Information Systems.

Serenko A, Bontis N B. 2004. A model of user adoption of mobile portals. Quarterly Journal of Electronic Commerce, 4 (1): 69-98.

Sharma R, Yetton P, Crawford J. 2009. Estimating the effect of common method variance: the method-method pair technique with an illustration from TAM research. MIS Quarterly, 33 (3): 473-490.

Sivanand C N, Geeta M, Suleep. 2004, Barriers to mobile Internet banking services adoption: an empirical study in Klang Valley of Malaysia. The Internet Business Review Issue, (1): 1-16.

Slama M E, Tashchian A. 1985. Selected socioeconomicand demographic characteristics associated with purchasing involvement. Journal of Marketing, 49 (1): 72-82.

Standing C, Benson S, Karjaluoto H. 2005. Consumer perspectives on mobile advertising and marketing// Purchase D S. ANZMAC 2005 Conference: Electronic Marketing. Perth, Australia: Dr Sharon Purchase.

Stofega W, Llamas R T. 2009. Worldwide mobile phone 2009-2013 forecast update. IDC Document Number 217209, IDC, Framingham, MA.

Straub D W, Burton-Jones A. 2007. Veni, vidi, vici: breaking the TAM logjam. Journal of the AIS, 8 (4): 223-229.

Sun Y, Bhattacherjee A, Ma Q. 2009. Extending technology usage to work settings: the role of perceived work compatibility in ERP implementation. Information & Management, 46 (4): 351-356.

Taylor S, Todd P A. 1995. Understanding information technology usage: a test of competing models. Information System Research, 6 (2): 144-176.

Teo T S H, Pok S H. 2003. Adoption of WAP-enabled mobile phones among Internet users. Omega, 31 (6): 483-498.

Thai B, Wan R, Seneviratne A, et al. 2003. Integrated personal mobility architecture: a complete personal mobility solution. Mobile Networks and Applications, 8 (1): 27-36.

Thong J Y L. 1999. An integrated model of information systems adoption in small businesses. Journal of Management Information Systems, 15 (4): 187-214.

Thong J Y L, Hong S J, Tam K Y. 2006. The effects of post-adoption beliefs on the expectation-confirmation model for information technology continuance. International Journal of Human-Computer Studies, 64 (9): 799-810.

Tsang M M, Ho S-C, Liang T-P. 2004, Consumer attitudes toward mobile advertising: an empirical study. International Journal of Electronic Commerce, 8 (3): 65-78.

Tseng C-L, Jiang J-A, Lee R-G, et al. 2006. Feasibility study on application of GSM-SMS technology to field data acquisition. Computers and Electronics in Agriculture, 53 (1): 45-59.

Turban E, King D, Lee J, et al. 2006. Electronic Commerce: A Managerial Perspective. (4th). New Jersey: Prentice Hall Press.

Urbaczewski A, Wells J, Sarker S, et al. 2002. Exploring cultural differences as a means for understanding the global mobile internet: a theoretical basis and program of research. in: Proceedings of the 35th Hawaii International Conference on System Sciences (HICSS' 02). Hawaii: IEEE, 654-663.

Vallerand R J. 1997. Toward a hierarchical model of intrinsic and extrinsic motivation. // Zanna M. Advances in Experimental Social Psychology. New York: Academic Press.

van der Heijden H. 2004. User acceptance of hedonic information systems. MIS Quarterly, 28 (4): 695-704.

Varshney U. 2002. Multicast over wireless networks. Communications of the ACM, 45 (12): 31-37.

Varshney U, Vetter R. 2002. Mobile commerce: framework, applications and networking support. Mobile Networks and Applications, 7 (3): 185-198.

Venkatesh V, Morris M G. 2000. Why don't men ever stop to ask for directions? gender, social influence, and their role in technology acceptance and usage behavior. MIS Quarterly, 24 (1): 115-139.

Venkatesh V, Davis F D. 2000. A theoretical extension of the technology acceptance model: four longitudinal field studies. Management Science, 46 (2): 186-204.

Venkatesh V, Davis F D, Morris M G. 2007. Dead or alive? the development, trajectory and future of technology adoption research. Journal of the AIS, 8 (4): 268-286.

Venkatesh V, Morris M G, Davis G B, et al. 2003. User acceptance of information technology: toward a unified view. MIS Quarterly, 27 (3): 425-478.

Venkatesh V, Ramesh V. 2006. Web and wireless site usability: understanding differences and modeling use. MIS Quarterly, 30 (1): 181-206.

Venkatesh V, Ramesh V, Massey A P. 2003. Understanding usability in mobile commerce. Communications of the ACM, 46 (12): 53-56.

Venkatesh V, Thong J Y L, Xin X. 2012. Consumer acceptance and use of information technology: extending the unified theory of acceptance and use of technology. MIS Quarterly, 36 (1): 157-178.

Verplanken B, Aarts H, van Knippenberg A, et al. 1998. Habit versus planned behaviour: a field experiment. British Journal of Social Psychology, 37 (2): 111-128.

Verplanken B, Wood W. 2006. Interventions to break and create consumer gabits. Journal of Public Policy & Marketing, 25 (1): 90-103.

Waksman G. 2003. The situation of ICT in the French agriculture. in: EFITA 2003 Conference. Debrecen, Hungary: 699-706.

Wang Y-S, Lin H-H, Luarn P. 2006. Predicting consumer intention to use mobile service. Information Systems Journal, 16 (2): 157-179.

Wooldridge J. 2002. Econometric analysis of cross section and panel data. Cambridge, Massachusetts: The MIT Press.

Wooldridge J. 2003. Introductory Econometrics: A Modern Approach. (2nd ed.). Cincinnati, South-Western College Publishing.

Wu J-H, Wang S-C. 2005. What drives mobile commerce? an empirical evaluation of the revised technology acceptance model. Information & Management, 42 (5): 719-729.

Wu J-H, Wang Y-M. 2006. Development of a tool for selecting mobile shopping site: a customer perspective. Electronic Commerce Research and Applications, 5 (3): 192-200.

Wu J-H, Wang Y-M, Tai W-C. 2004. Mobile shopping site selection: the consumers' viewpoint. Proceedings of the 37th Hawaii International Conference on System Sciences. Hawaii: IEEE.

Xu G, Gutiérrez J A. 2006. An exploratory study of killer applications and critical success factors in m-commerce. Journal of Electronic Commerce in Organizations, 4 (3): 63-79.

Xu X, Ma W W, See-To E W. 2010. Will mobile video become the killer application for 3G mobile internet? a model of media convergence acceptance. Information Systems Frontiers, 12 (3): 311-322.

Yang K C C. 2005. Exploring factors affecting the adoption of mobile commerce in Singapore. Telematics and Informatics, 22 (3): 257-277.

Yi M Y, Jackson J D, Park J S, et al. 2006. Understanding information technology acceptance by individual professionals: toward an integrative view. Information & Management, 43 (3): 350-363.

Zeithaml V A. 1988. Consumer perceptions of price, quality, and value: a means-end model and synthesis of evidence. Journal of Marketing, 52 (3): 2-22.

Zhang J, Yuan Y. 2002. M-commerce vs. Internet-based e-commerce: the key differences. Proceeding of Eghith American Conference on Information Systems: 1892-1901.

Zigurs I, Buckland B K. 1998. A theory of task/technology fit and group support systems effectiveness. MIS Quarterly, 22 (3): 313-334.

Zoller E, Housen V L, Matthews J. 2001. Wireless Internet business models: global perspective. Regional Focus: 1-64.

参考文献

附　　录

本课题研究实证研究调查问卷

调查地点：＿＿＿＿＿＿＿＿＿＿＿＿＿＿＿＿＿＿＿　　　　　　　NO.

农村移动信息服务用户调查问卷

　　感谢您参加本次调研，本问卷目的是研究农村用户对于手机信息服务的使用情况、接受态度及其影响因素。所有的问题并无对错之分，调查结果仅供科学研究使用，请您根据自己的实际情况和真实感受填写问卷，谢谢您的参与和支持！

农村移动商务研究课题组

第一部分：请根据您的实际情况填写或在相应的选项上打"√"。

1. 您的年龄＿＿＿＿＿＿，性别＿＿＿＿＿＿，文化程度＿＿＿＿＿＿，家庭住址＿＿＿＿＿＿。

2. 您家庭年总收入大约是：＿＿＿＿＿＿元，主要收入来源是＿＿＿＿＿＿＿＿＿＿。

3. 您和您的家庭有哪些信息工具？（可多选）

　　①固定电话　②手机/小灵通　③电视　④电脑（如果有，是/否上网？__）

4. 您已经使用手机＿＿＿＿＿年，手机购买价格约为＿＿＿＿＿＿元，每月手机话费大约＿＿＿＿＿＿元，您平均每周接收到短信约＿＿＿＿＿＿条，发送短信约＿＿＿＿＿＿条，是否曾经根据短信广告成功购买产品或服务＿＿＿＿＿＿，是否曾经受到过欺骗性短信广告的欺诈＿＿＿＿＿＿。

5. 您使用的哪家运营商提供的服务：①中国移动　②中国联通　③中国电信　④中国网通

6. 您目前获取信息的主要渠道是：（可多选）

　　①电视　②广播　③电话手机　④亲戚邻居朋友　⑤电脑网络　⑥别人示范　⑦各级政府或组织　⑧报刊杂志　⑨其他

7. 您获取农业相关技术或供求信息的主要途径是：（可多选）

①农业专家热线或农业技术咨询电话　②电视　③广播　④手机短信
⑤亲戚邻居朋友　⑥电脑网络　⑦别人示范　⑧各级政府或组织　⑨报刊杂志　⑩其他

8. 您在哪里操作过电脑？（可多选）

①从来没有操作过　②自己家　③亲戚邻居家　④学校等培训机构
⑤其他

9. 您使用电脑上网的时间：

①从来没有上过网　②偶尔上过　③每周上不超过 3 小时　④几乎每天上

10. 您购买电脑的主要原因是：（可多选，如果您家里没有电脑本题和下一题可以不选）

①家庭日常用品　②孩子教育　③生产经营需要　④新闻娱乐　⑤生活富裕的标志　⑥其他

11. 您觉得对于手中的电脑最头疼的事情是：（可多选）

①不太会使用　②经常出现故障，自己不能解决　③找不到有用的信息
④网费贵　⑤担心网上的不良信息和游戏上瘾　⑥其他

12. 您为什么没有购买电脑：（如果已购电脑则本题及下一题不用回答，可多选）

①感觉没用　②不会使用，担心买了没用　③价格问题　④担心网上不良信息和游戏上瘾　⑤其他

13. 您有购买的电脑的计划吗？　①没有　②今年就买　③两三年内买　④等几年会买

14. 您认为您使用手机短信面临的最大问题是：（可多选）

①功能复杂不便使用　②价格昂贵　③输入太麻烦　④太浪费时间　⑤信息表达不清楚

15. 目前，除通话以外您主要使用手机上哪些服务？（可多选）

①个人交流短信　②订阅天气预报　③订阅新闻等信息　④订阅农业技术信息　⑤订阅农产品供求信息　⑥参加投票、答题或抽奖　⑦彩信　⑧彩铃　⑨手机上网浏览　⑩手机网络游戏　⑪手机支付（小额）　⑫手机银行　⑬通过手机购物等　⑭手机定位（如导航）

第二部分：针对下两页表中的项目，请在符合您的看法的等级上打"√"。
"1-完全反对"；"2-非常反对"；"3-稍微反对"；"4-既不同意也不反对"；
"5-稍微同意"；"6-非常同意"；"7-完全同意"。

题　项	您 的 看 法						
	1	2	3	4	5	6	7
1. 通常我在我的朋友们之前尝试新产品							
2. 我喜欢尝试用新方法来做事							
3. 我经常搜寻一些有关新产品的信息							
4. 我觉得手机短信是及时信息很好的来源							
5. 手机短信提供了我需要的信息							
6. 我使用短信服务是自愿的							
7. 我愿意接受各类信息服务的内容							
8. 我愿意接受各种实物产品有关的短信内容							
9. 我愿意接受公益性短信广告内容							
10. 我认为短信服务提供商值得信赖							
11. 我认为手机短信息内容值得信任							
12. 使用短信服务我比较放心							
13. 使用移动信息服务的设备成本是非常高的							
14. 我想使用移动信息服务的访问成本是非常高的							
15. 我想使用移动信息服务的交易成本是非常高的							
16. 使用移动信息服务的费用太高							
17. 使用短信服务不受到地域限制							
18. 我的手机便于携带，可以在外出时方便发送短信							
19. 我的手机屏幕显示的短信息内容够多了							
20. 我的手机阅读短信非常方便							
21. 我用手机输入短信息内容非常方便							
22. 通过短信服务我收到及时有用的信息							
23. 我能从短信服务中得到好处							
24. 短信服务能帮我省钱							
25. 短信服务提供了很有用的信息							
26. 使用短信服务节省了我的时间							
27. 使用移动短信服务提高了我的效率							
28. 使用短信服务对我来说非常容易							
29. 使用短信服务做我想做的事非常容易							
30. 短信服务操作简便，容易掌握							
31. 我的朋友推荐我使用短信息服务							
32. 几乎我所有的亲戚朋友或邻居都使用短信息服务							

题　项	您 的 看 法						
	1	2	3	4	5	6	7
33. 几乎我所有的亲戚朋友或邻居都认为使用短信息服务是个好主意							
34. 我的亲戚朋友或邻居认为我应该使用短信息服务							
35. 我使用短信息服务时可以得到必要的支持和帮助							
36. 我有使用短信息服务要求的经济和技术条件							
37. 我可以使用短信息服务所需要软硬件和网络							
38. 我很愿意收到很多短信息							
39. 我将来会经常使用短信服务							
40. 我会强烈推荐其他人使用短信							
41. 我对当前短信服务的提供商很满意							
42. 我对短信服务质量很满意							
43. 我对短信服务这种方式很满意							
44. 收到短信时我会仔细读完其内容							
45. 我会记得通过短信发布的信息							
46. 我对通过短信发布的产品和服务有深刻印象							
47. 我使用短信服务频率很高							
48. 我用在使用短信服务上的时间很多							
49. 我近期会使用短信服务开展产品和服务的购销活动							
50. 我会推荐我的朋友使用短信购销有关产品和服务							

再次感谢您的参与和支持，衷心祝愿您和您的家人身体健康，生活幸福！

附　录